Kunstprojekt
BORIS“NEMTSOFF

FELIRINA
Teil I

Anhang zum Buch
„4/2 Leben/Strafen“

Impressum

Autoren: Ivan Smirnoff, Angela Laich, Simone Elsing
Umschlaggestaltung, Illustration: Ivan Smirnoff, Angela Laich
Übersetzung: Ivan Smirnoff, Simone Elsing, Angela Laich

Verlag & Druck: tredition GmbH, Halenreie 40-44, 22359 Hamburg
ISBN
978-3-7497-5440-3 (Paperback)
978-3-7497-5441-0 (Hardcover)
978-3-7497-5442-7 (e-Book)

Bibliografische Information der Deutschen Nationalbibliothek:
Die Deutsche Nationalbibliothek verzeichnet diese Publikation in der Deutschen Nationalbibliografie; detaillierte bibliografische Daten sind im Internet über http://dnb.d-nb.de abrufbar.

Das ist bloß ein ausgedachtes Wort. Eine Kreation, die schwer vorstellbar ist, die in Worten unserer Welt eine weibliche Kreation genannt wird. Die Schicksale der Leute befinden sich in einer Art der Abhängigkeit von dieser Kreation. Die Verbindungen sind kaum erkennbar, da sie weder direkt noch transparent sind im Sinne unserer Vorstellung.

Die Bilder, die ihr seht, sind die leichte Berührung der Ecken, wo irgendeine Felirina sich befand, zeitlich und örtlich ist es ziemlich schwer die Ecken ordentlich zu positionieren, aber andererseits ist es auch genau so schwer die Körper und Bewegungen unserer Welt zu positionieren. Und noch dazu – ordentlich!

Boris"Nemtsoff oder „Борисъ Немцофф" – so nennen wir unser Projekt. Ihr könnt tippen und googeln und findet sofort einen Treffer mit dem Namen Boris Nemzow. Ein Mensch, dessen Schicksal widersprüchlich war. Ermordet. So etwas darf nicht passieren. Wenn es passiert, dann wird die Kette der Ereignisse unterbrochen. Neue Ketten entstehen aus diesem zerrissenen Zeitpunkt. Die Zukunft entsteht dann nicht mehr so, wie sie geplant war. Bleibt uns die Erinnerung an die gescheiterte Zukunft?

Wir – die KünstlerInnen Angela Laich, Simone Elsing, Ivan Smirnoff – probieren die Zeitpunkte zu sehen und die gescheiterten Ketten zu fangen. Mit kaum irgendeiner Hoffnung auf Erfolg, aber mit Fantasien, die die Realität umstellen. Etwas ist doch erkennbar, aber nicht das Ganze.

Willkommen.

Bildhauerin Angela Laich
Bildhauerin Simone Elsing
Künstler Ivan Smirnoff

I

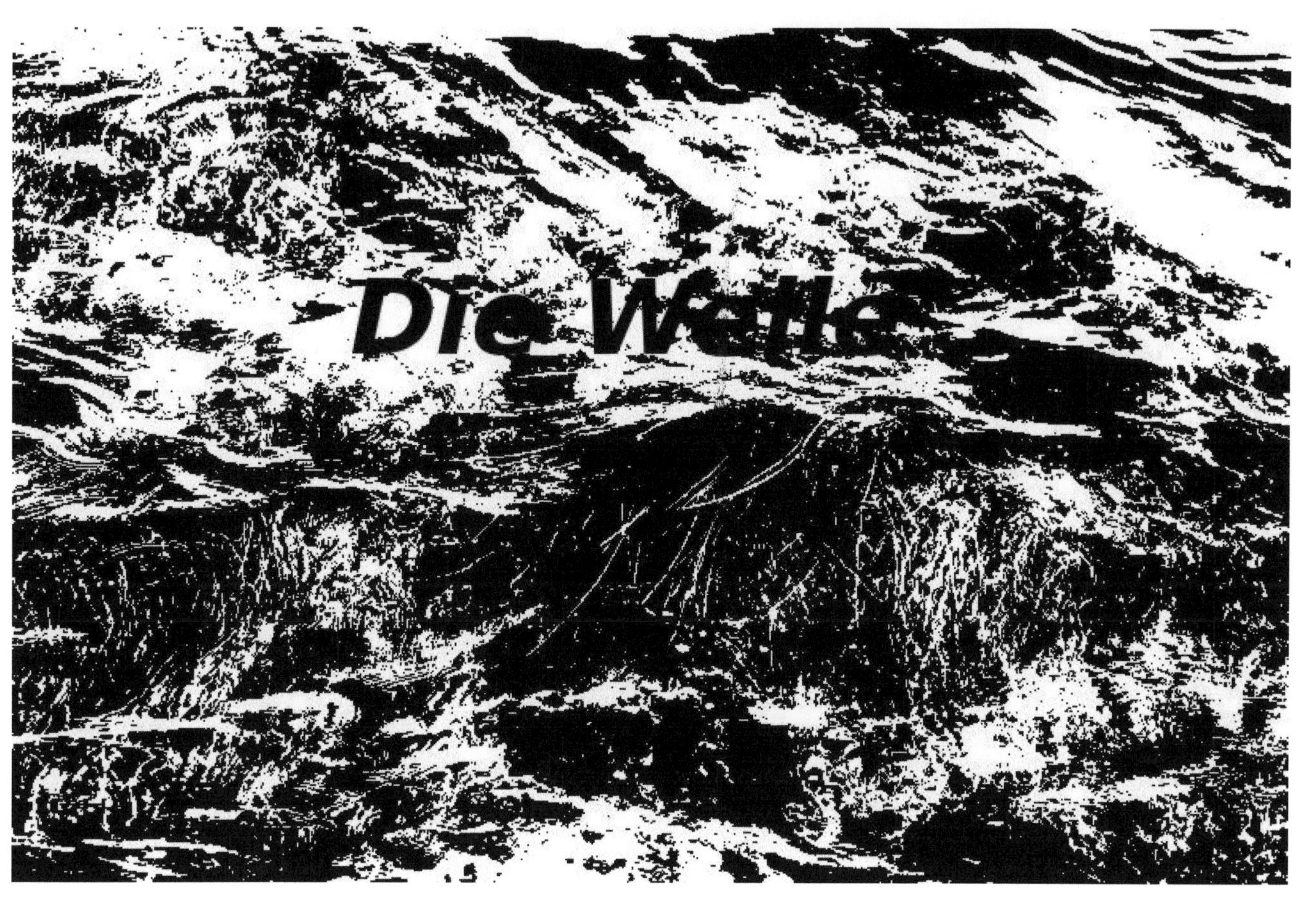

Kunstprojekt Felirina Boris“Nemtsoff
Autor: Ivan Smirnoff

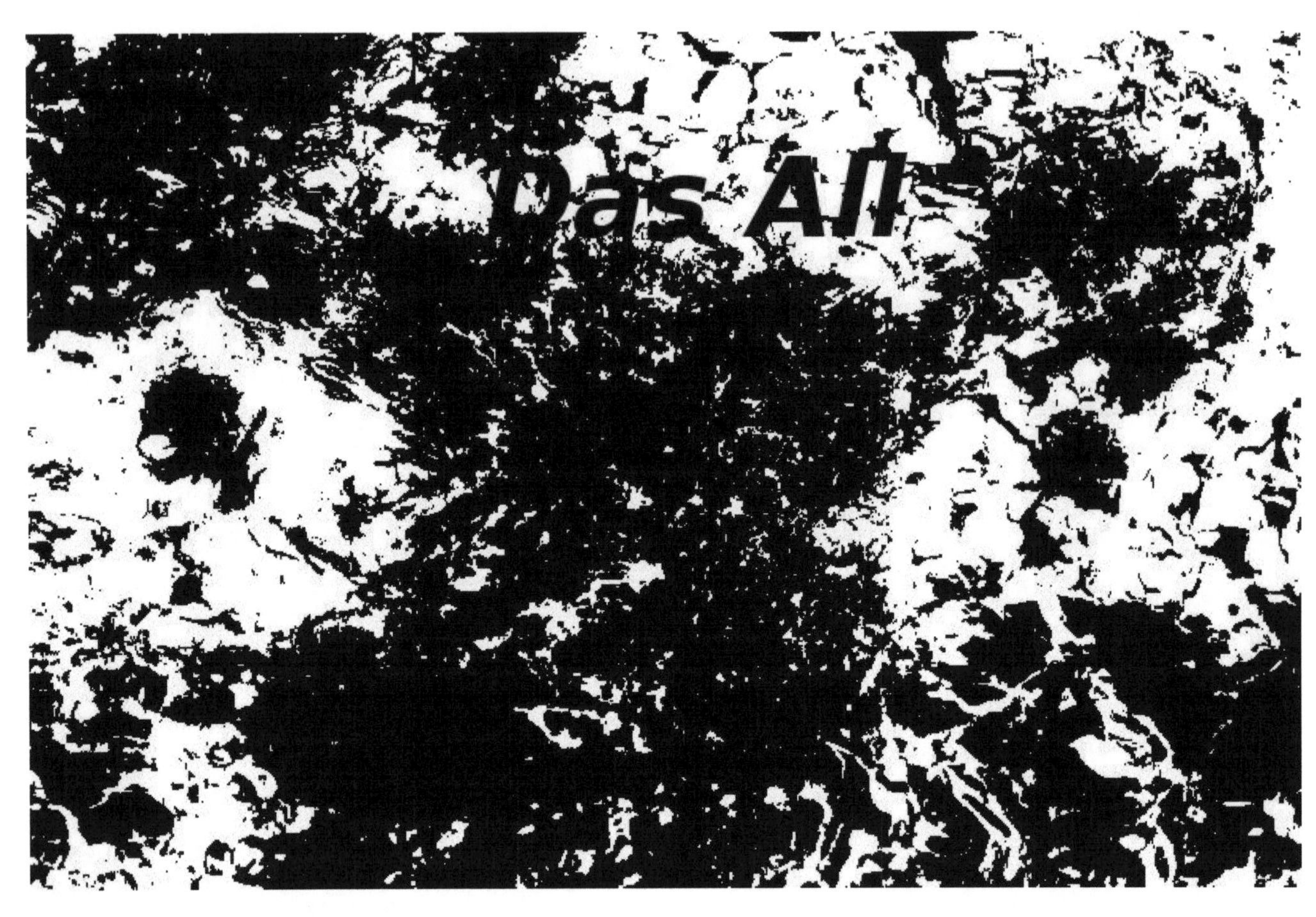

Kunstprojekt Felirina Boris"Nemtsoff
Autoren: Ivan Smirnoff, Angela Laich

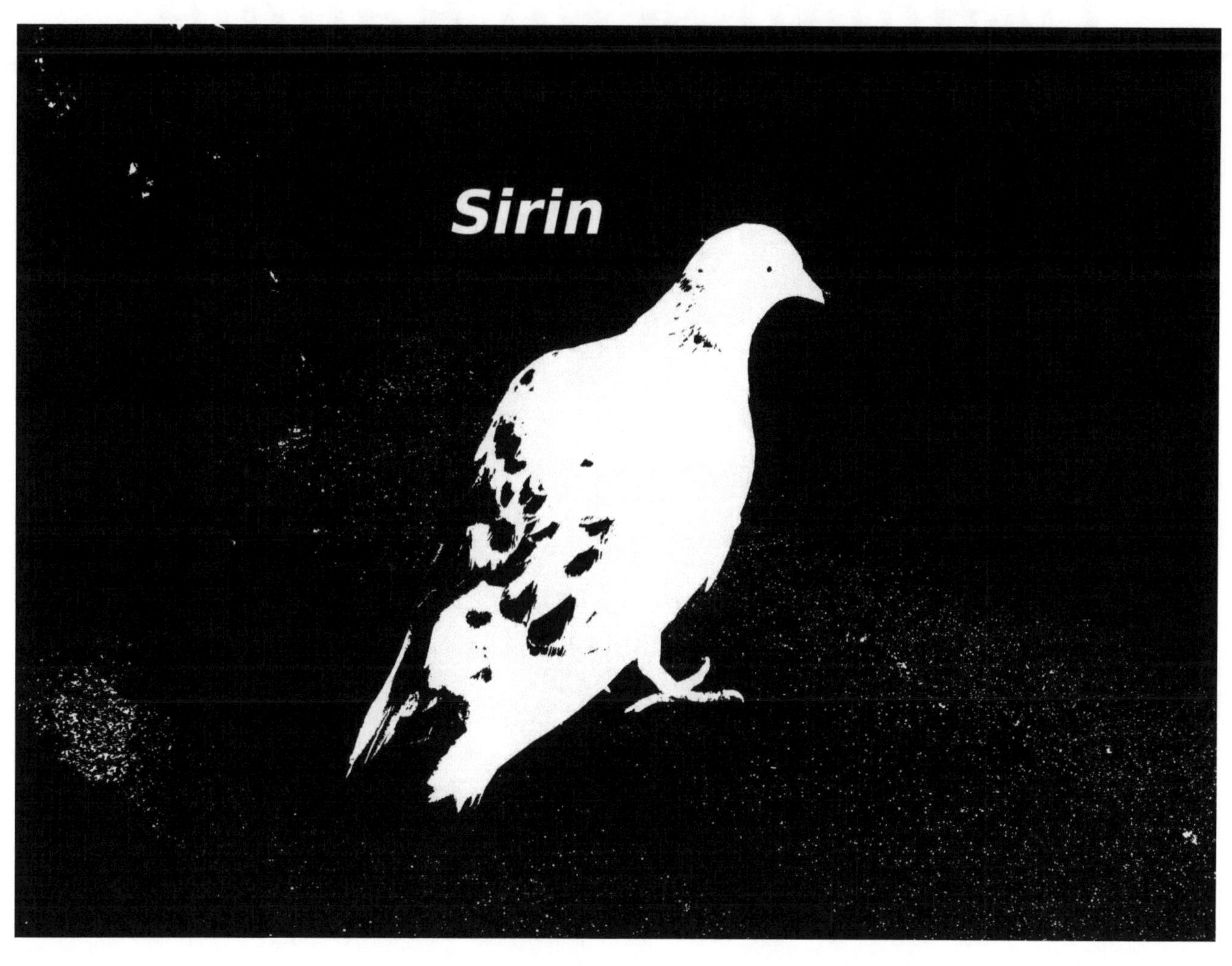

Kunstprojekt Felirina Boris"Nemtsoff
Autor: Ivan Smirnoff

Kunstprojekt Felirina Boris“Nemtsoff
Autor: Ivan Smirnoff

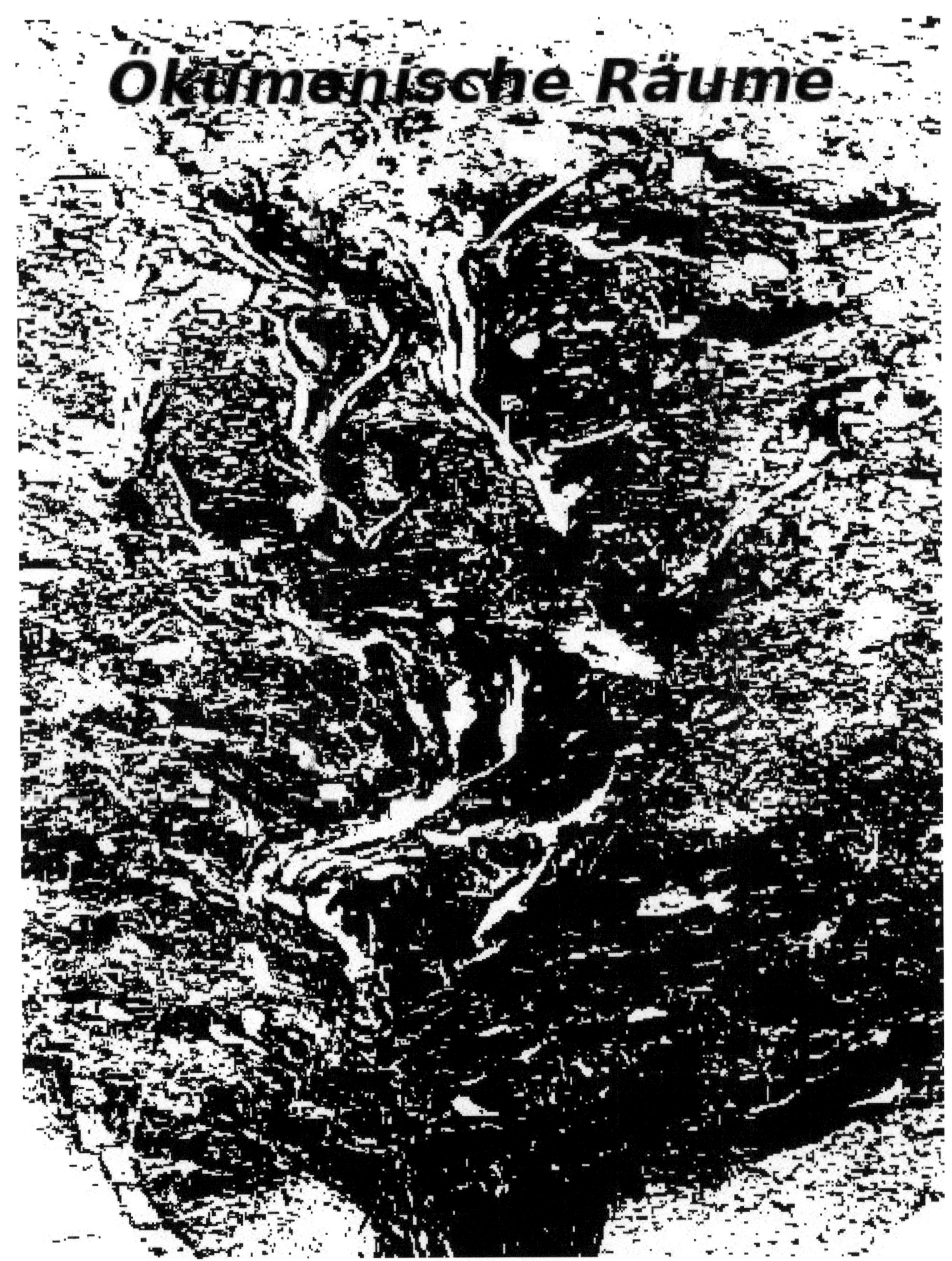

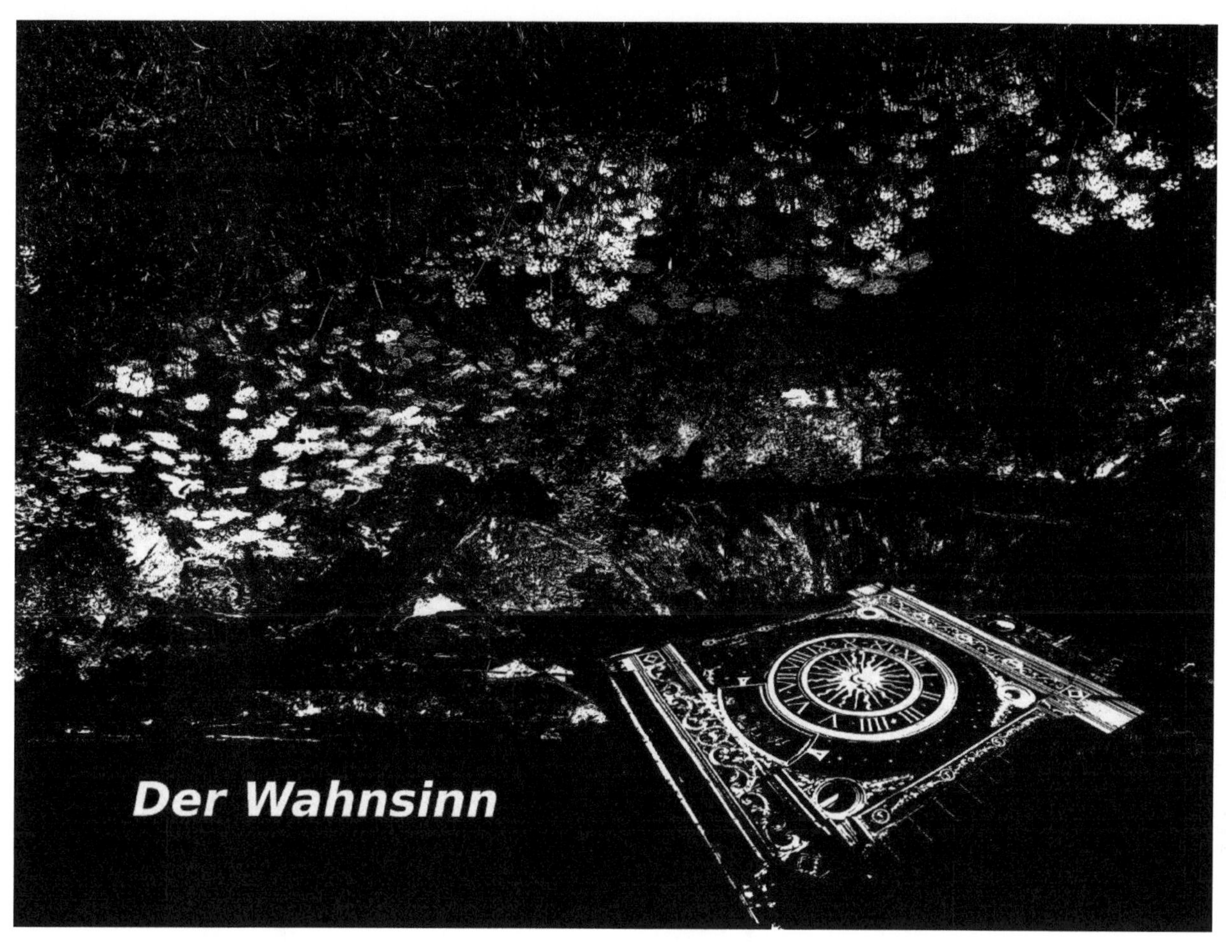

Kunstprojekt Felirina Boris"Nemtsoff
Autoren: Ivan Smirnoff, Angela Laich

Gamayun

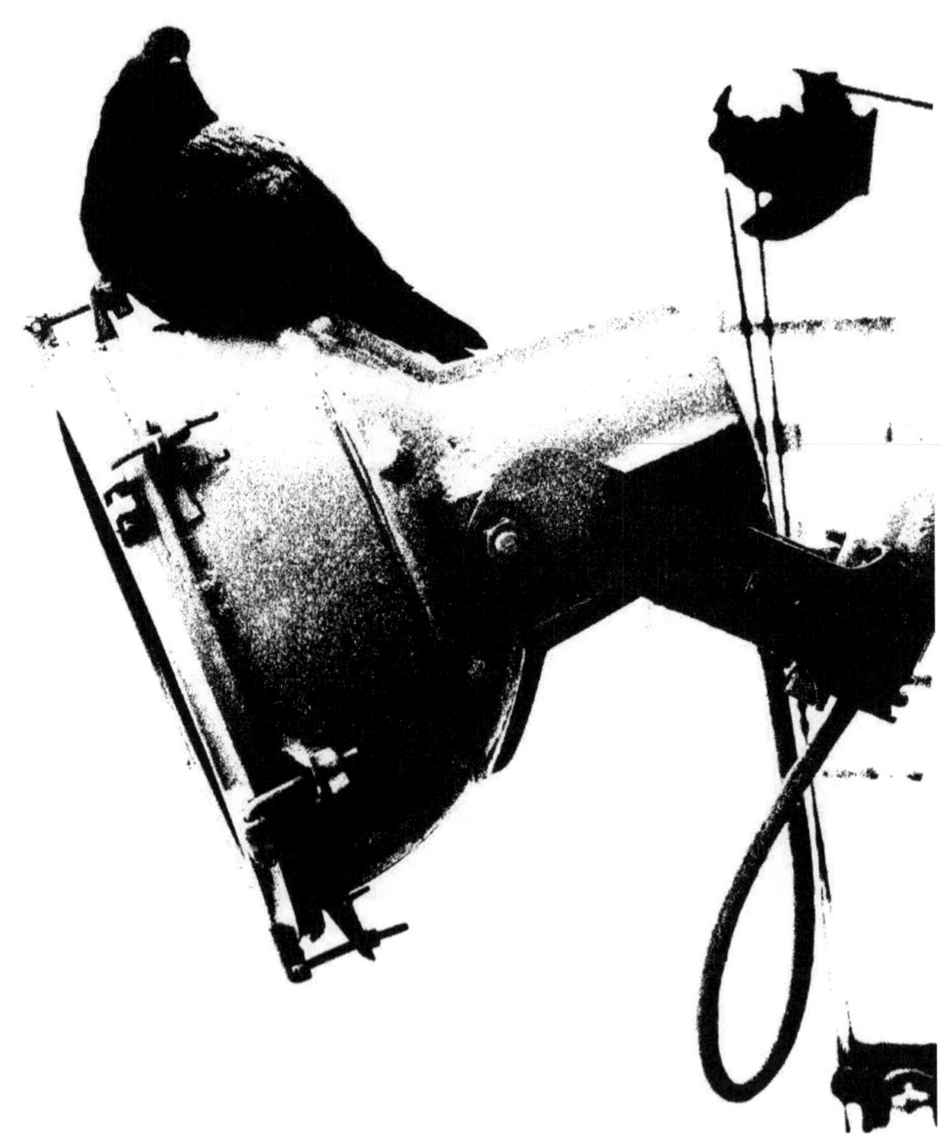

Kunstprojekt Felirina Boris"Nemtsoff
Autoren: Angela Laich, Ivan Smirnoff

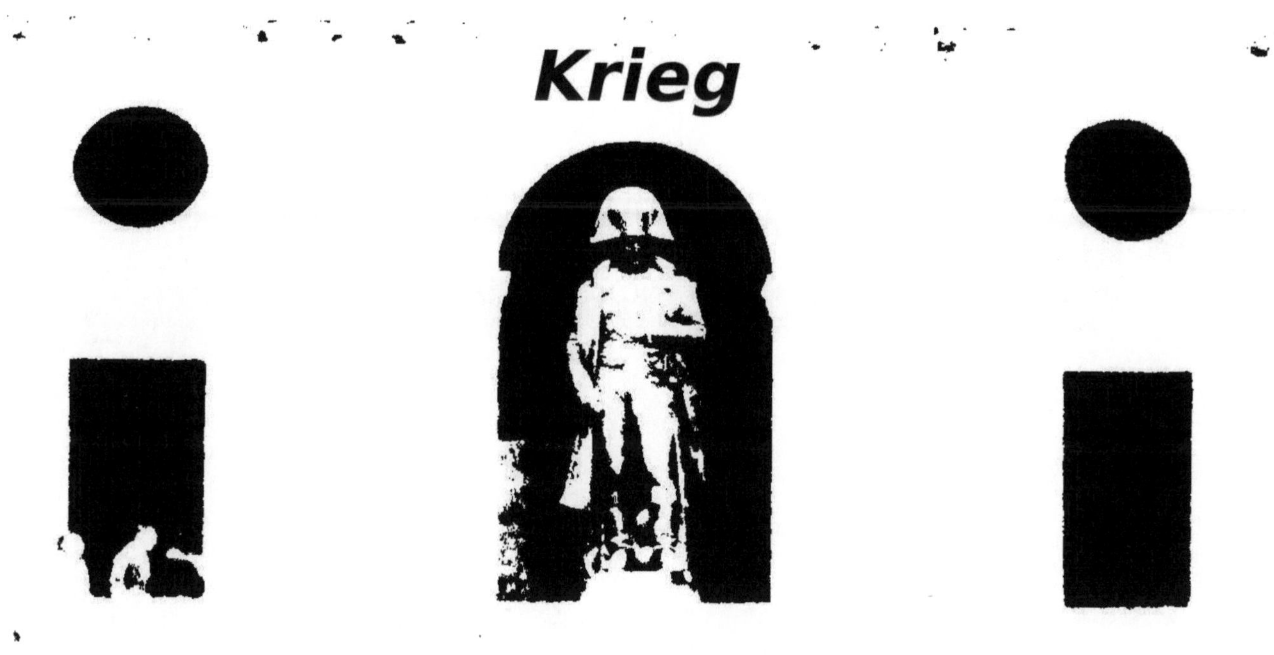

Kunstprojekt Felirina Boris“Nemtsoff
Autor: Ivan Smirnoff

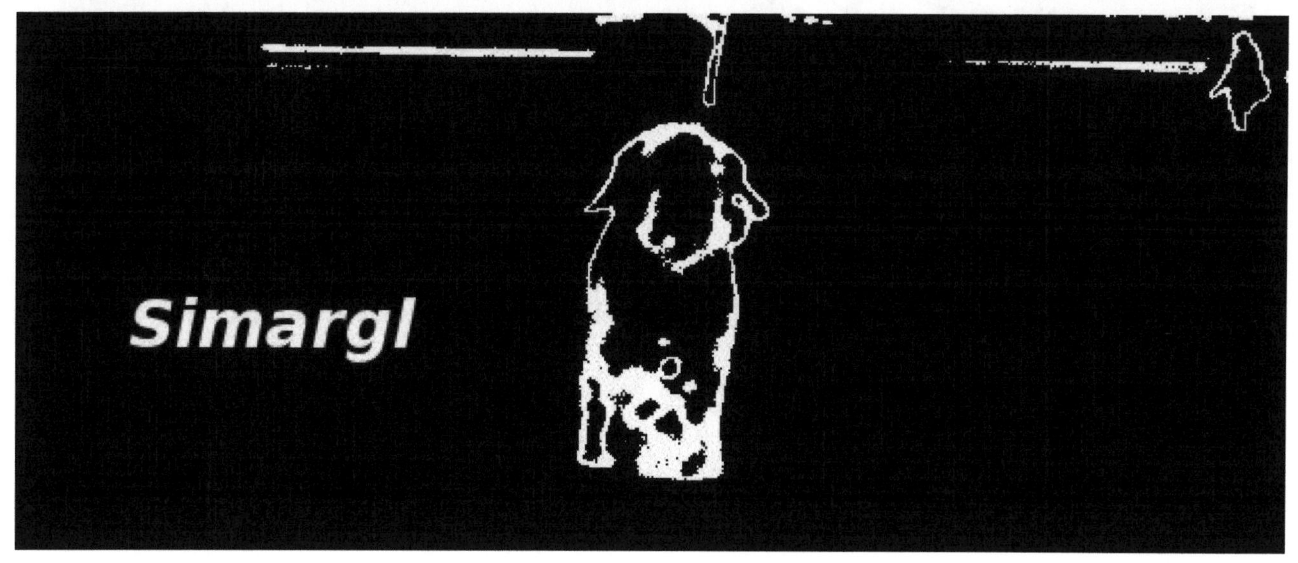

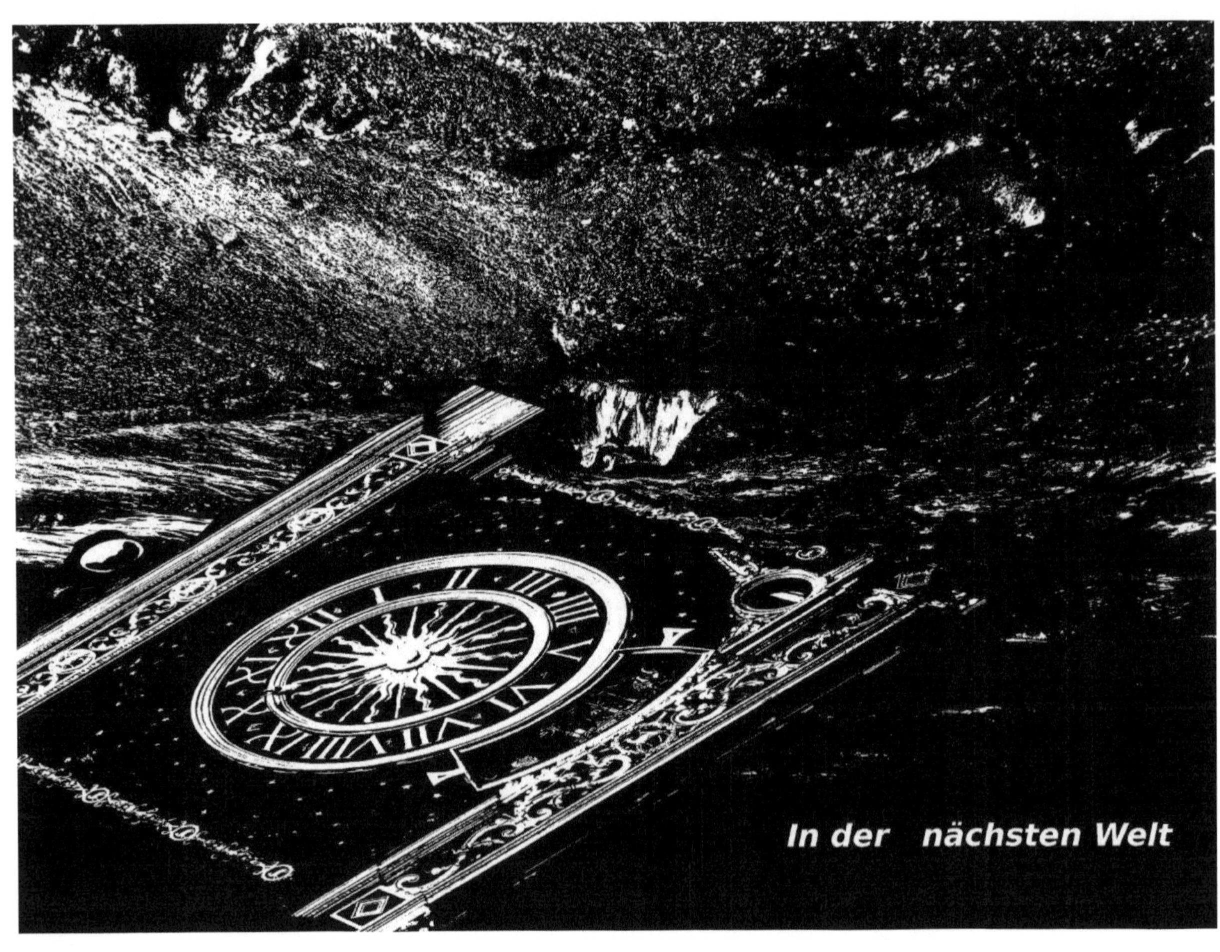

Kunstprojekt Felirina Boris"Nemtsoff
Autoren: Ivan Smirnoff, Angela Laich

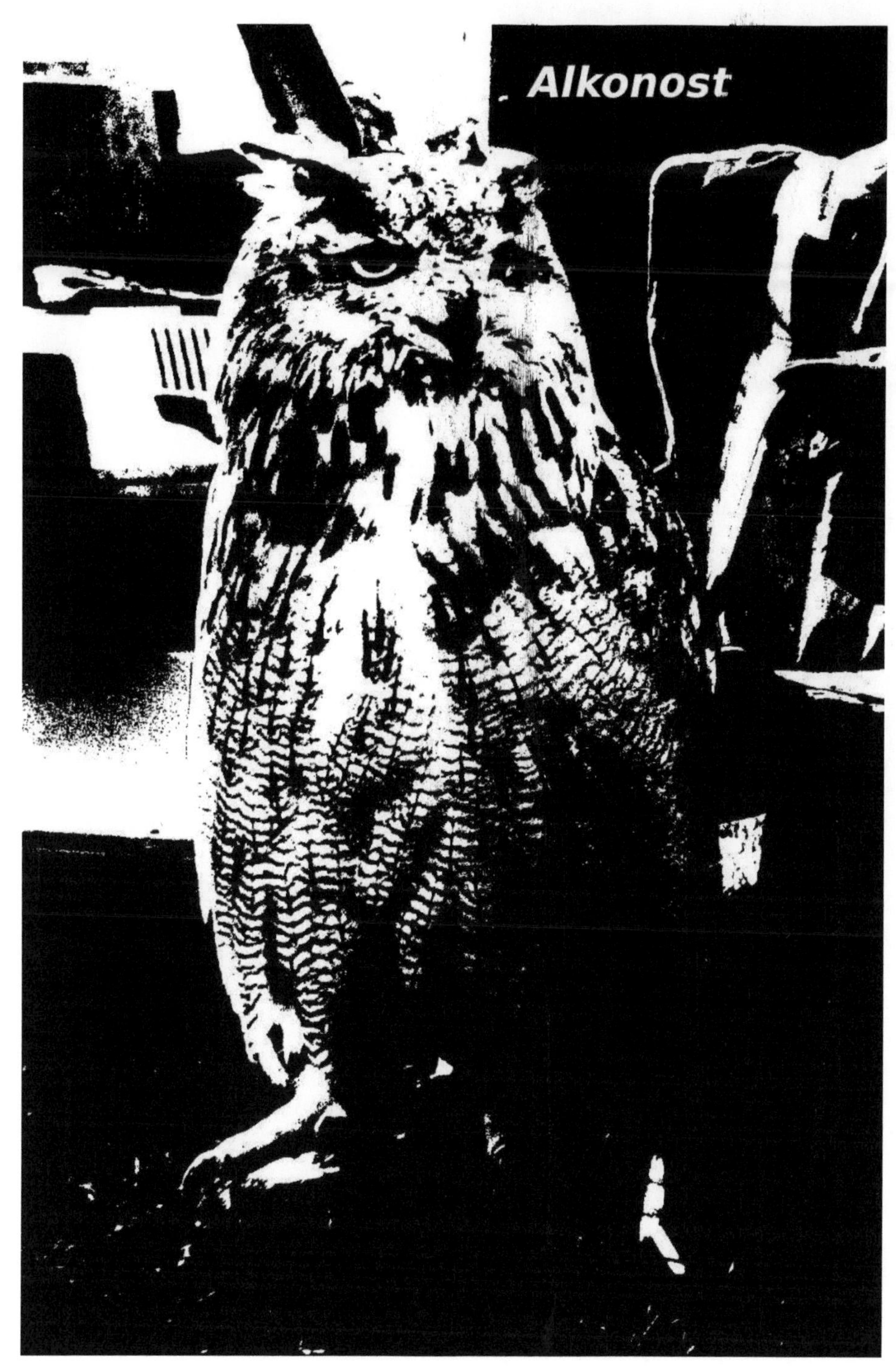

Kunstprojekt Felirina Boris"Nemtsoff
Autoren: Angela Laich, Ivan Smirnoff

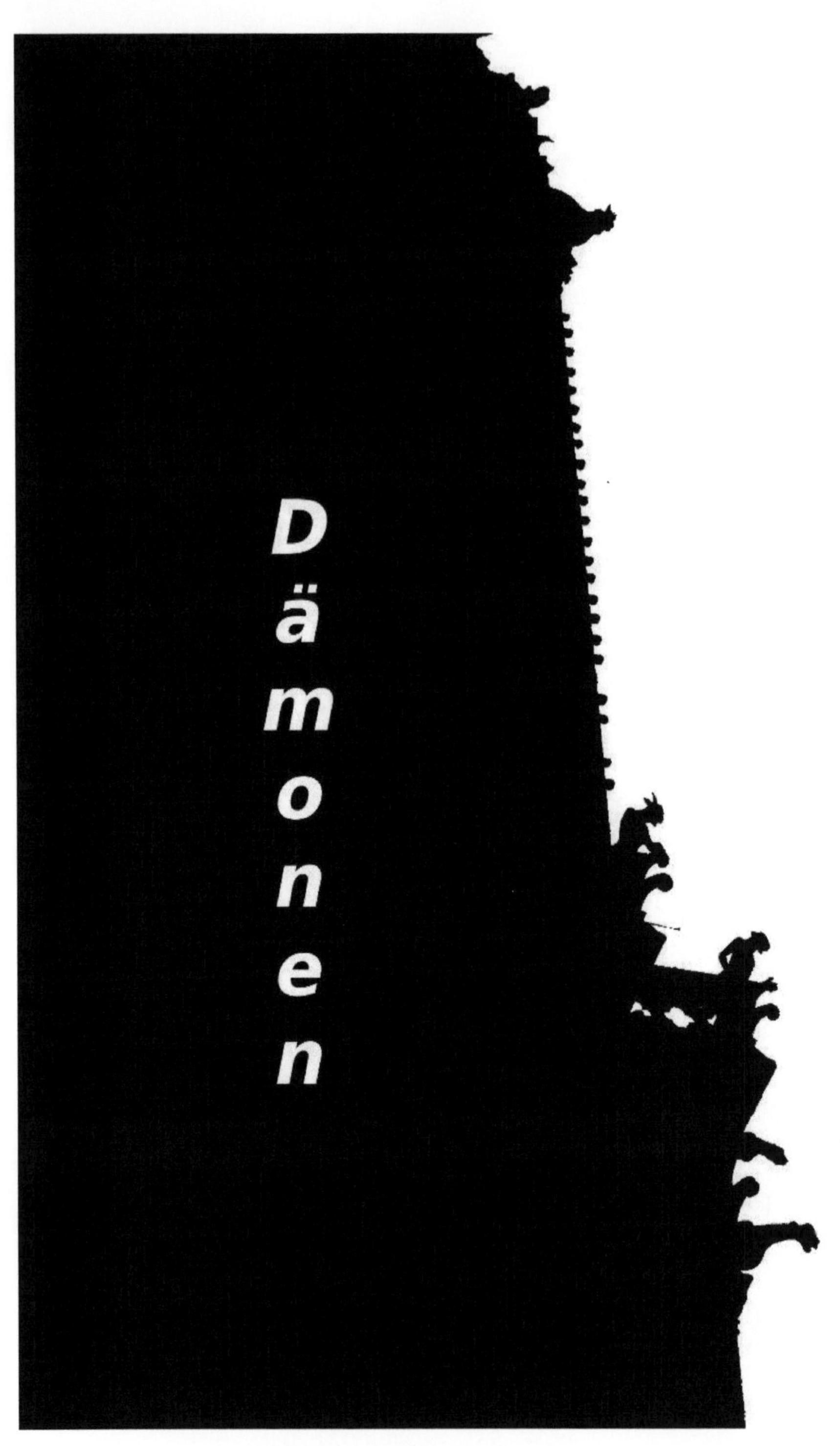

Kunstprojekt Felirina Boris"Nemtsoff
Autor: Ivan Smirnoff

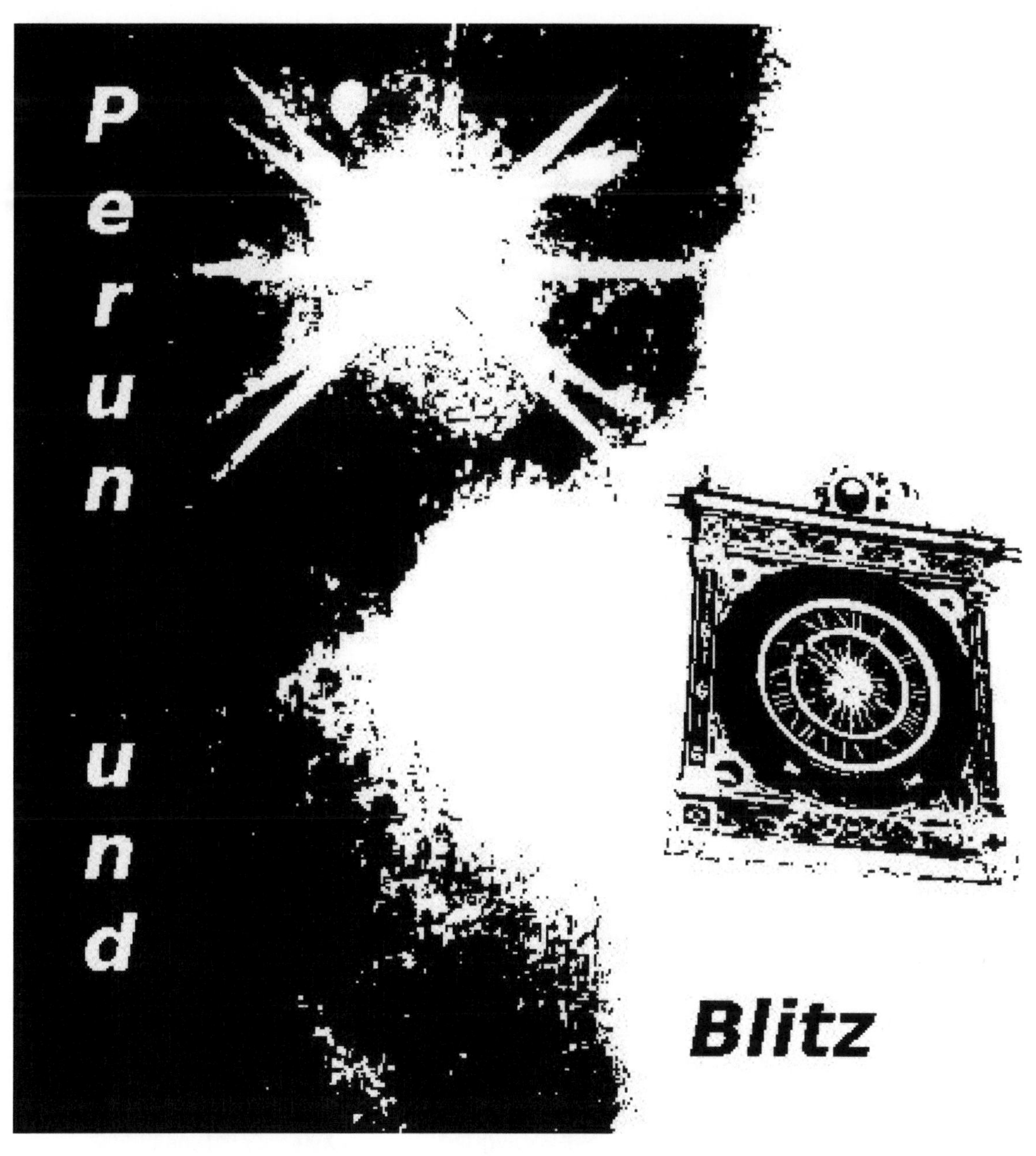

Kunstprojekt Felirina Boris"Nemtsoff
Autoren: Ivan Smirnoff, Angela Laich

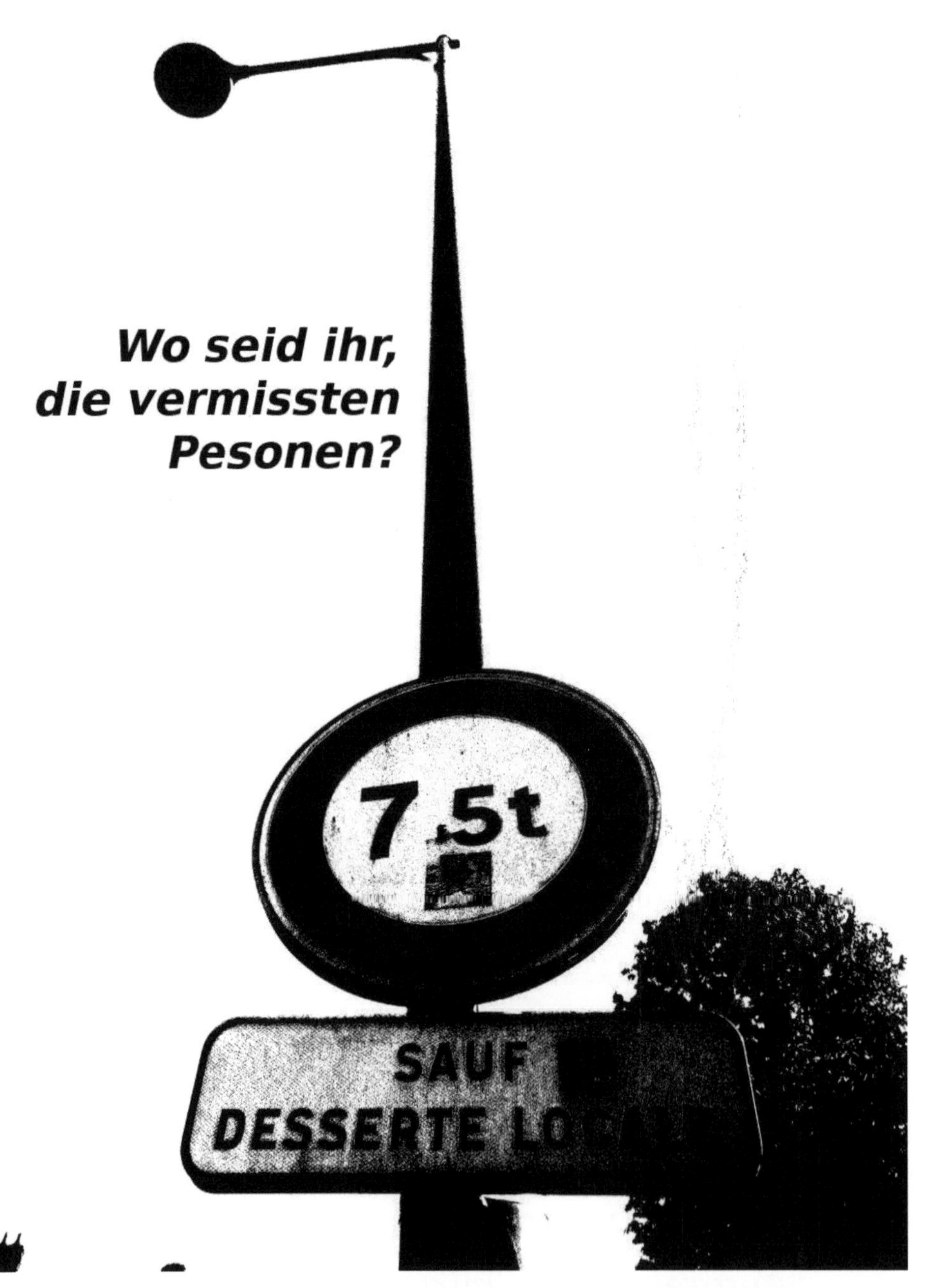

Kunstprojekt Felirina Boris"Nemtsoff
Autor: Ivan Smirnoff

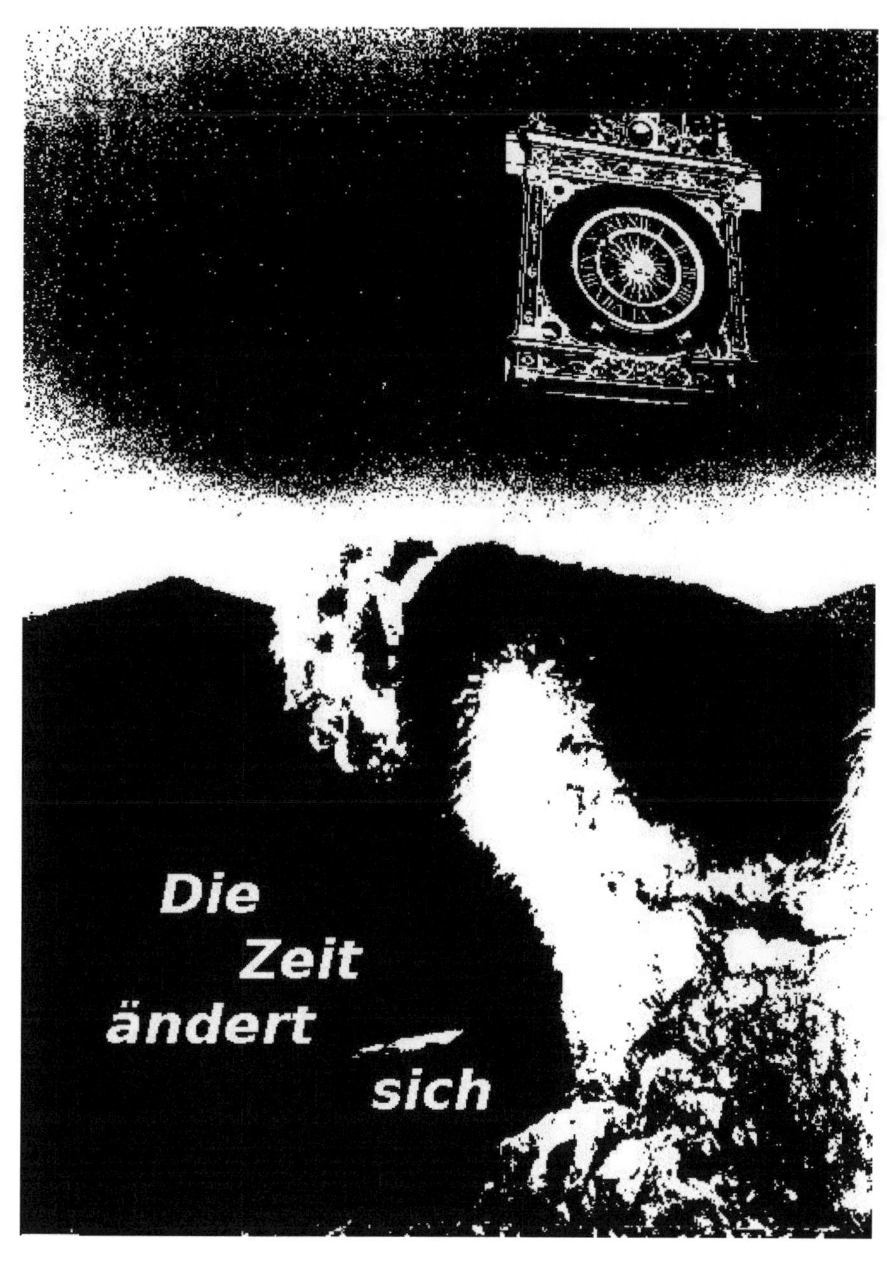

Kunstprojekt Felirina Boris"Nemtsoff
Autoren: Ivan Smirnoff, Angela Laich

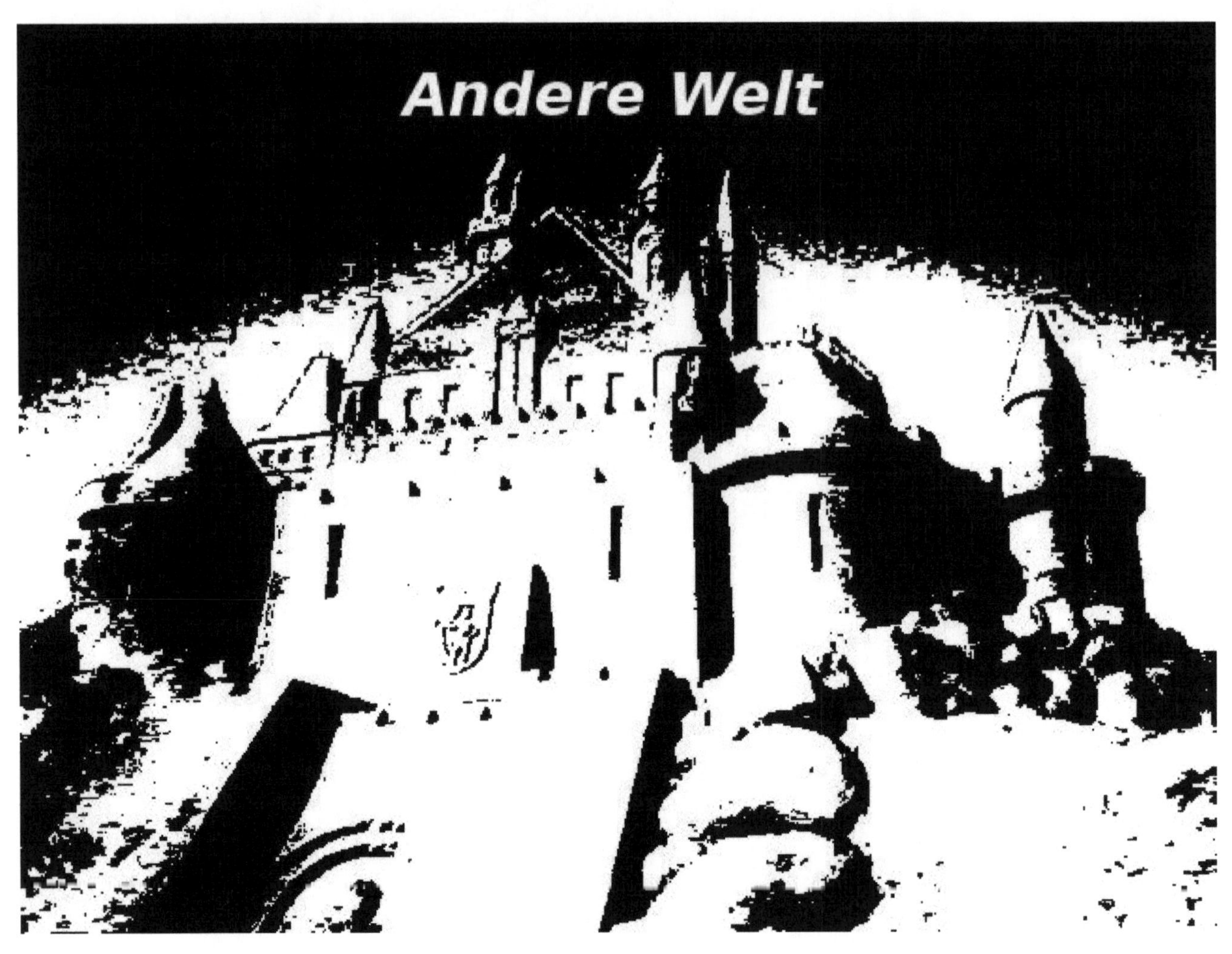

Kunstprojekt Felirina Boris"Nemtsoff
Autor: Ivan Smirnoff

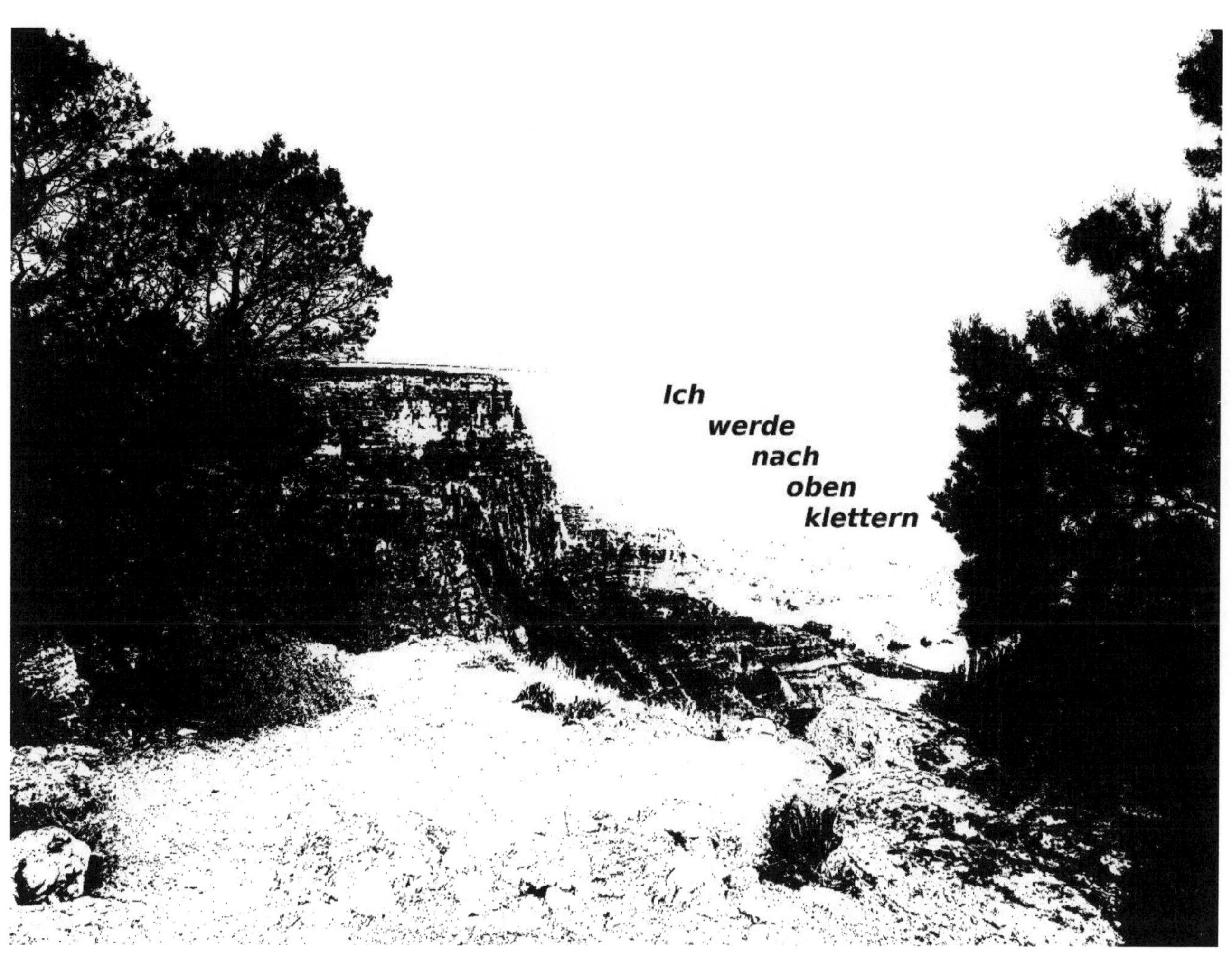

Kunstprojekt Felirina Boris"Nemtsoff
Autor: Ivan Smirnoff

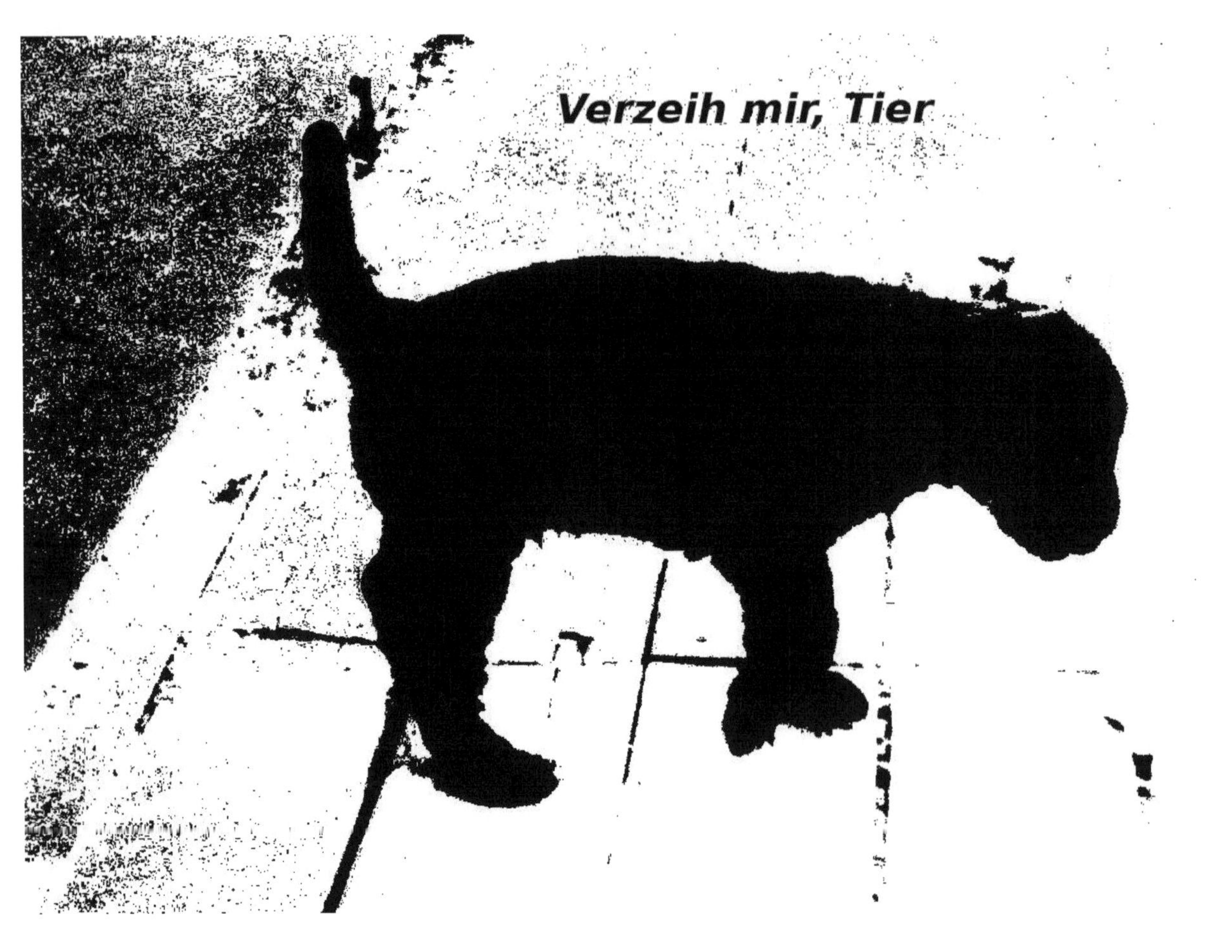

Kunstprojekt Felirina Boris"Nemtsoff
Autor: Ivan Smirnoff

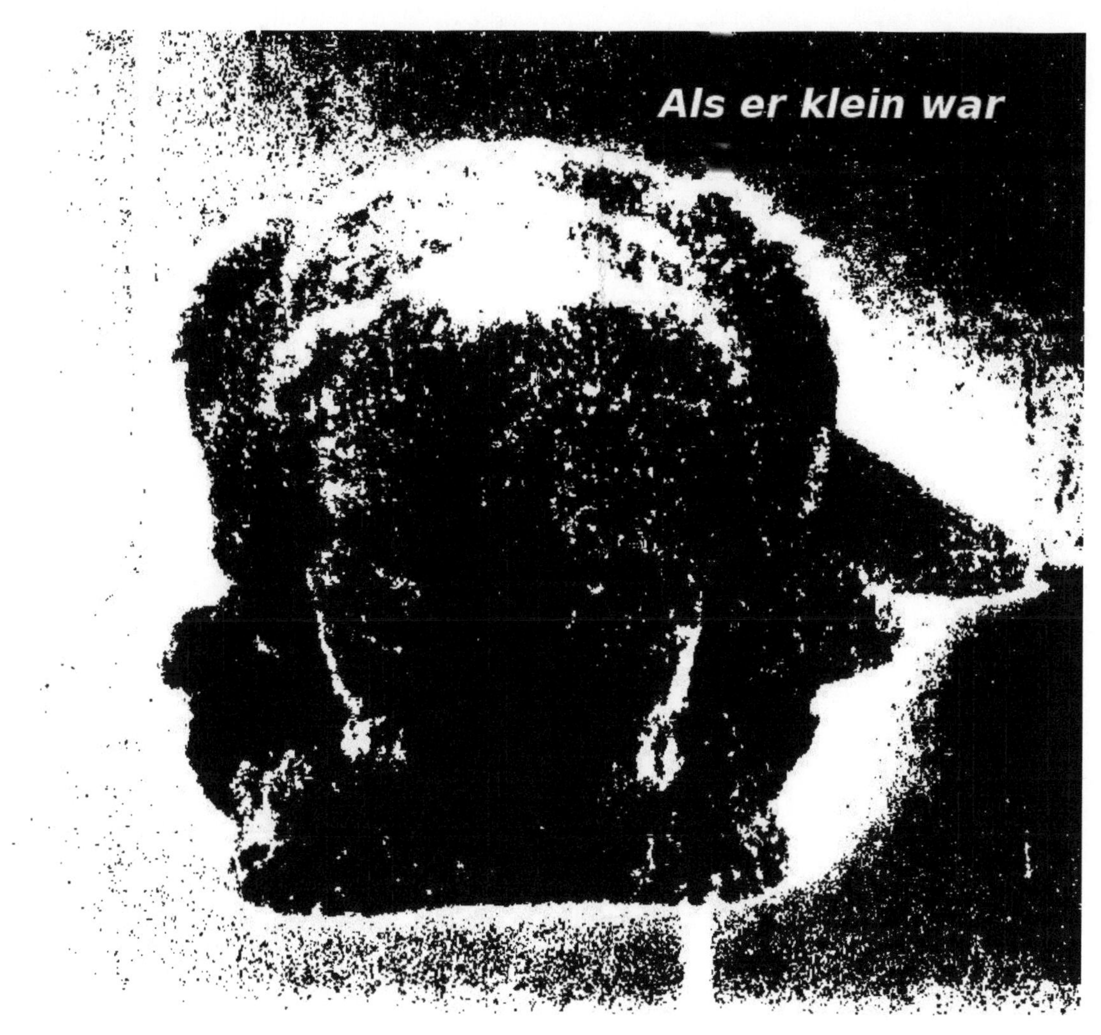

Kunstprojekt Felirina Boris"Nemtsoff
Autor: Ivan Smirnoff

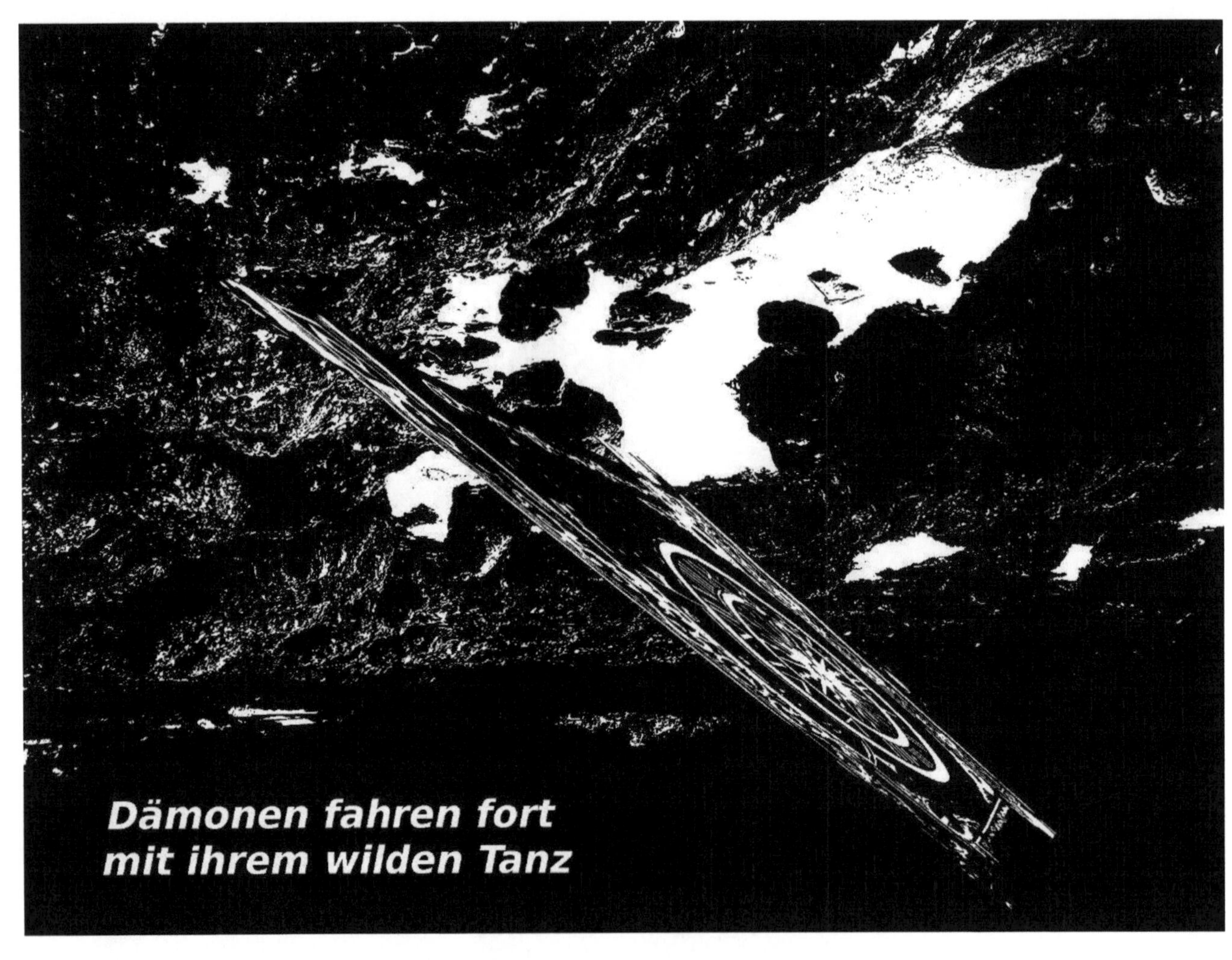

Kunstprojekt Felirina Boris"Nemtsoff
Autoren: Ivan Smirnoff, Angela Laich

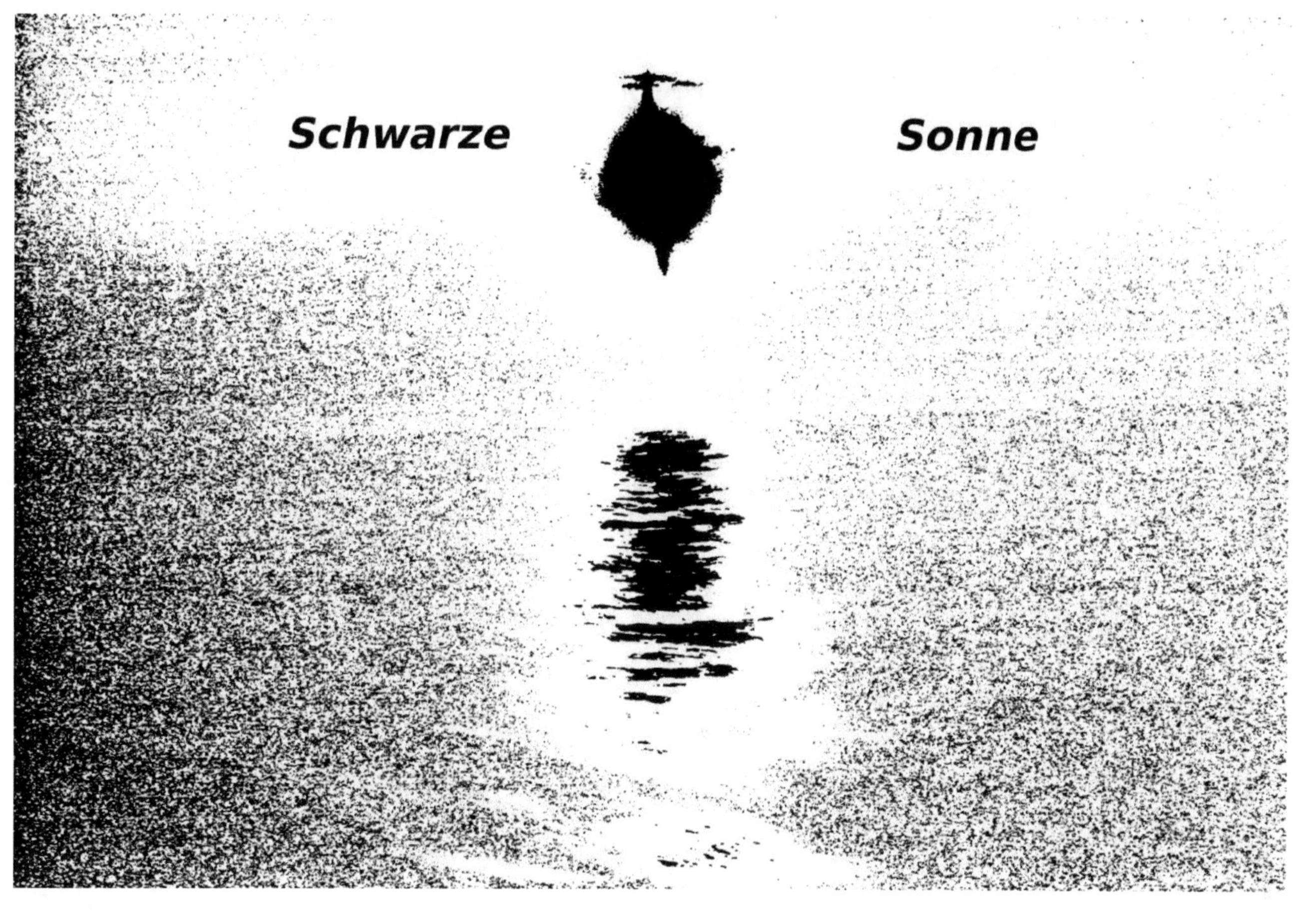

Kunstprojekt Felirina Boris"Nemtsoff
Autor: Ivan Smirnoff

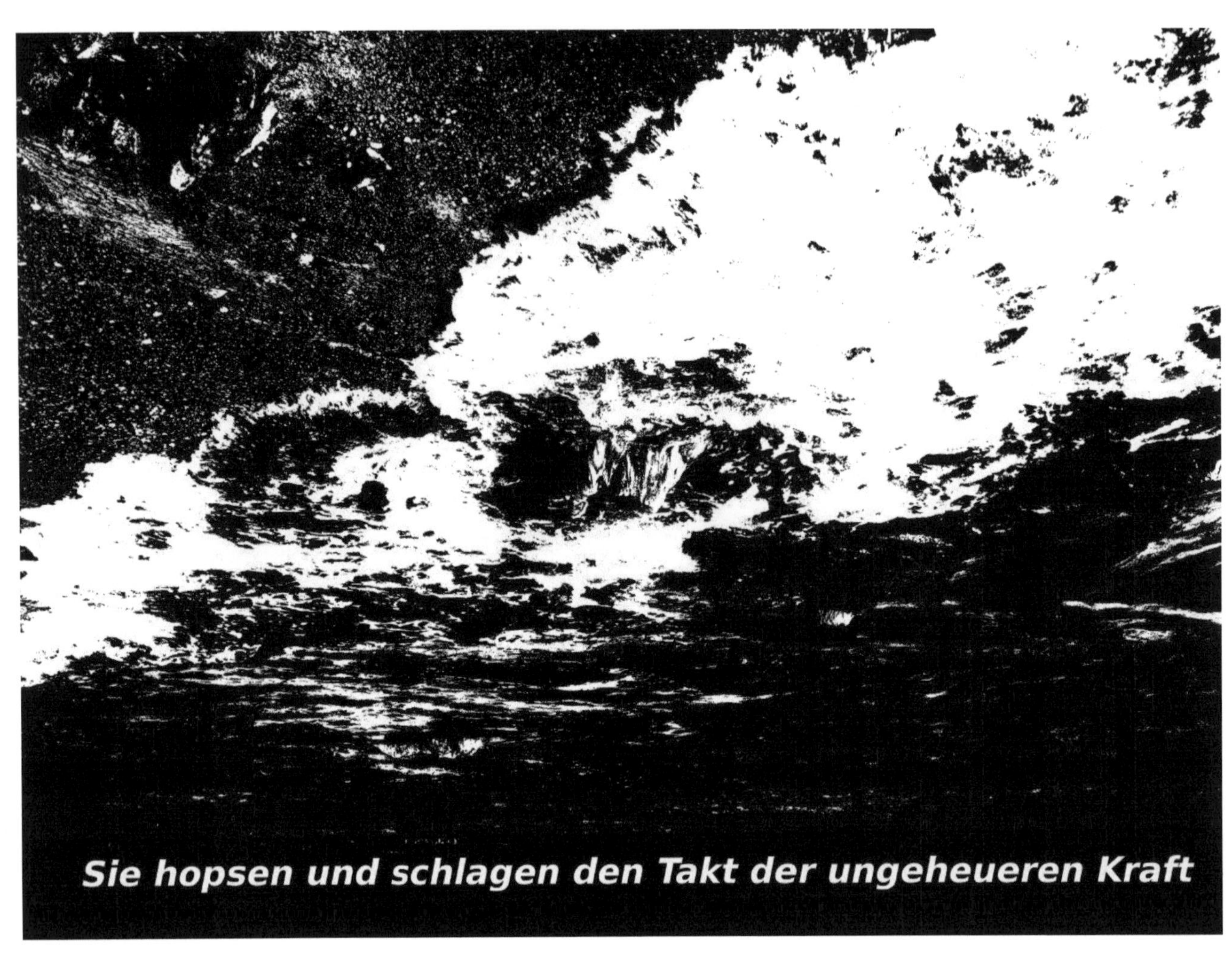

Kunstprojekt Felirina Boris"Nemtsoff
Autor: Ivan Smirnoff

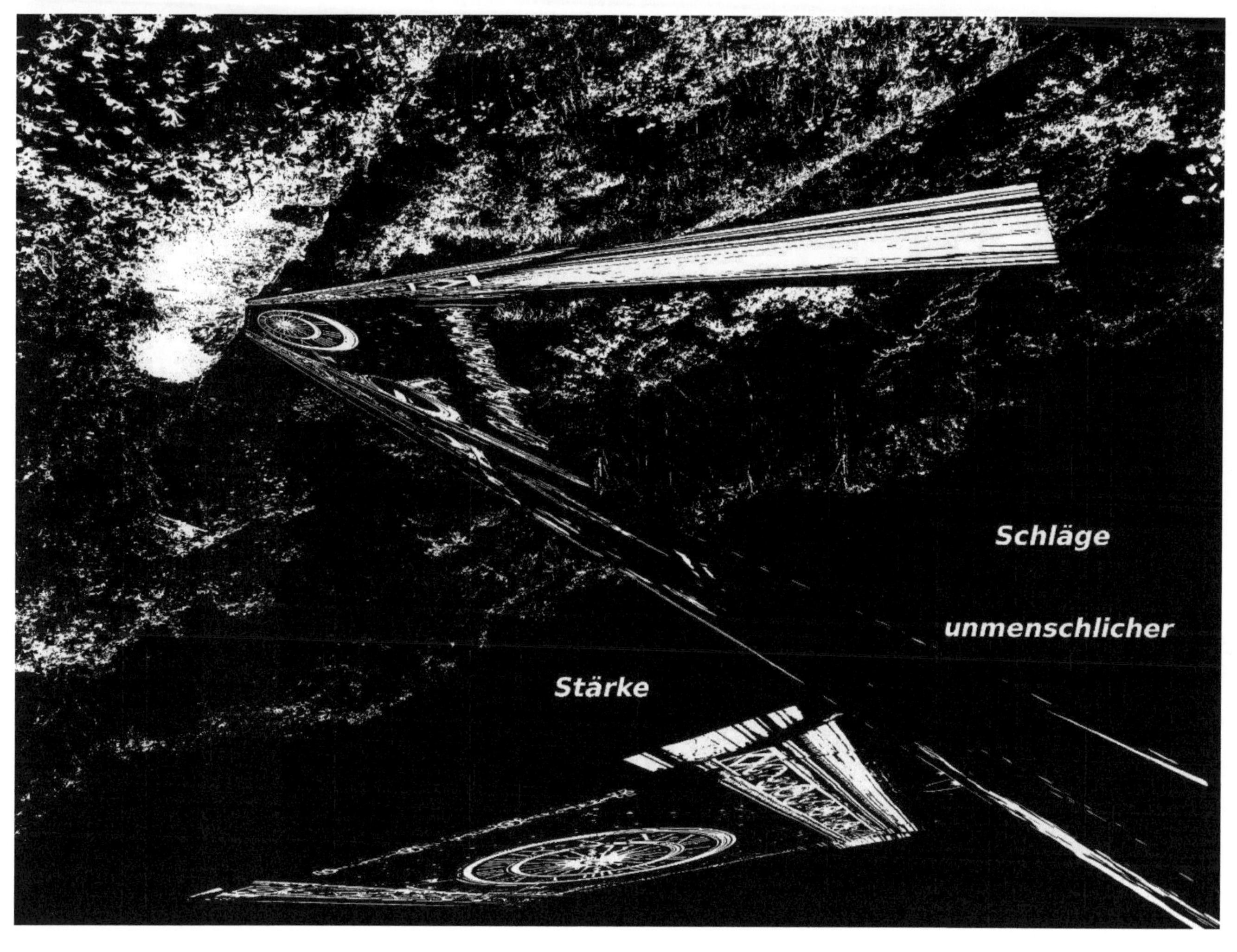

Kunstprojekt Felirina Boris"Nemtsoff
Autoren: Angela Laich, Ivan Smirnoff

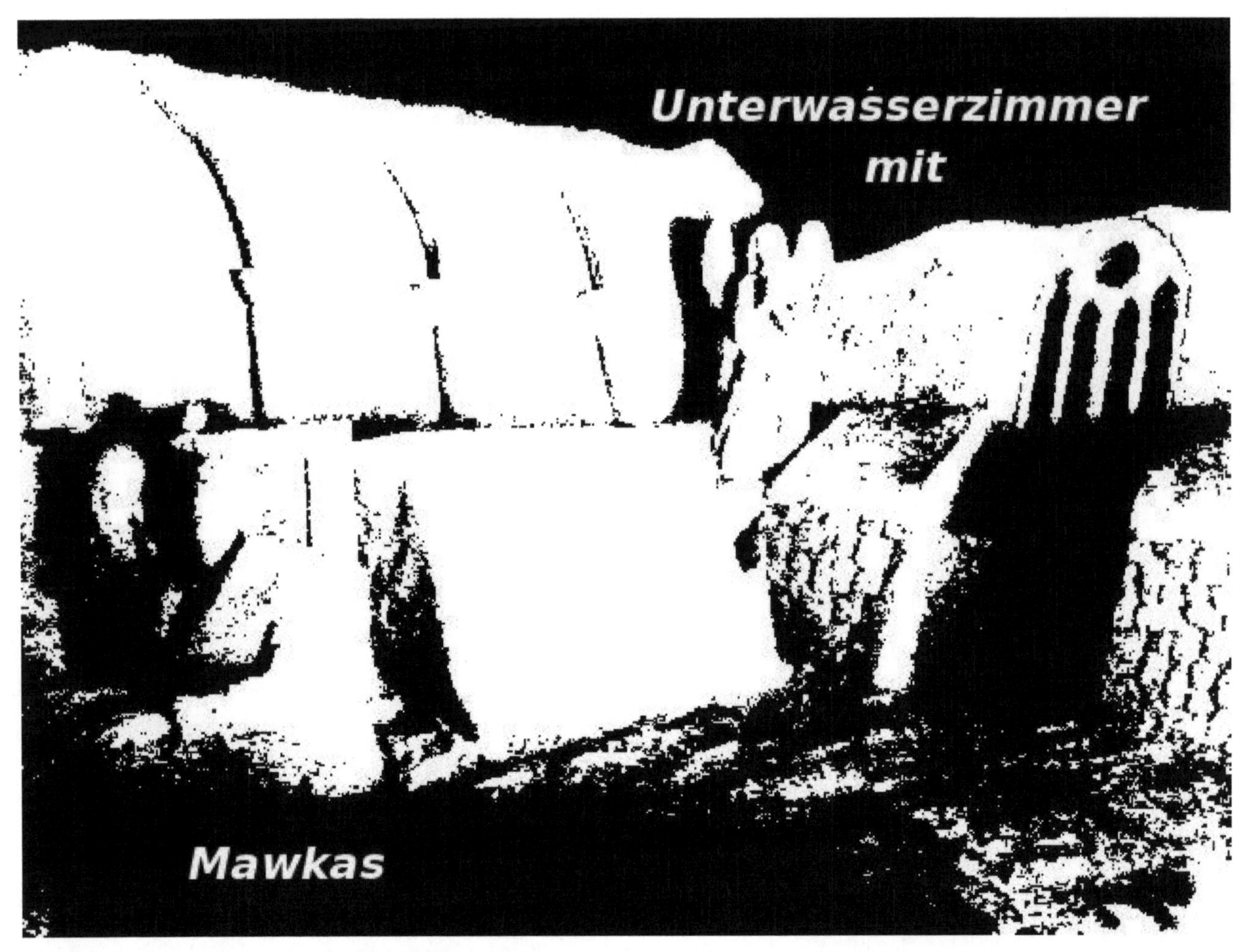

Kunstprojekt Felirina Boris"Nemtsoff
Autor: Ivan Smirnoff

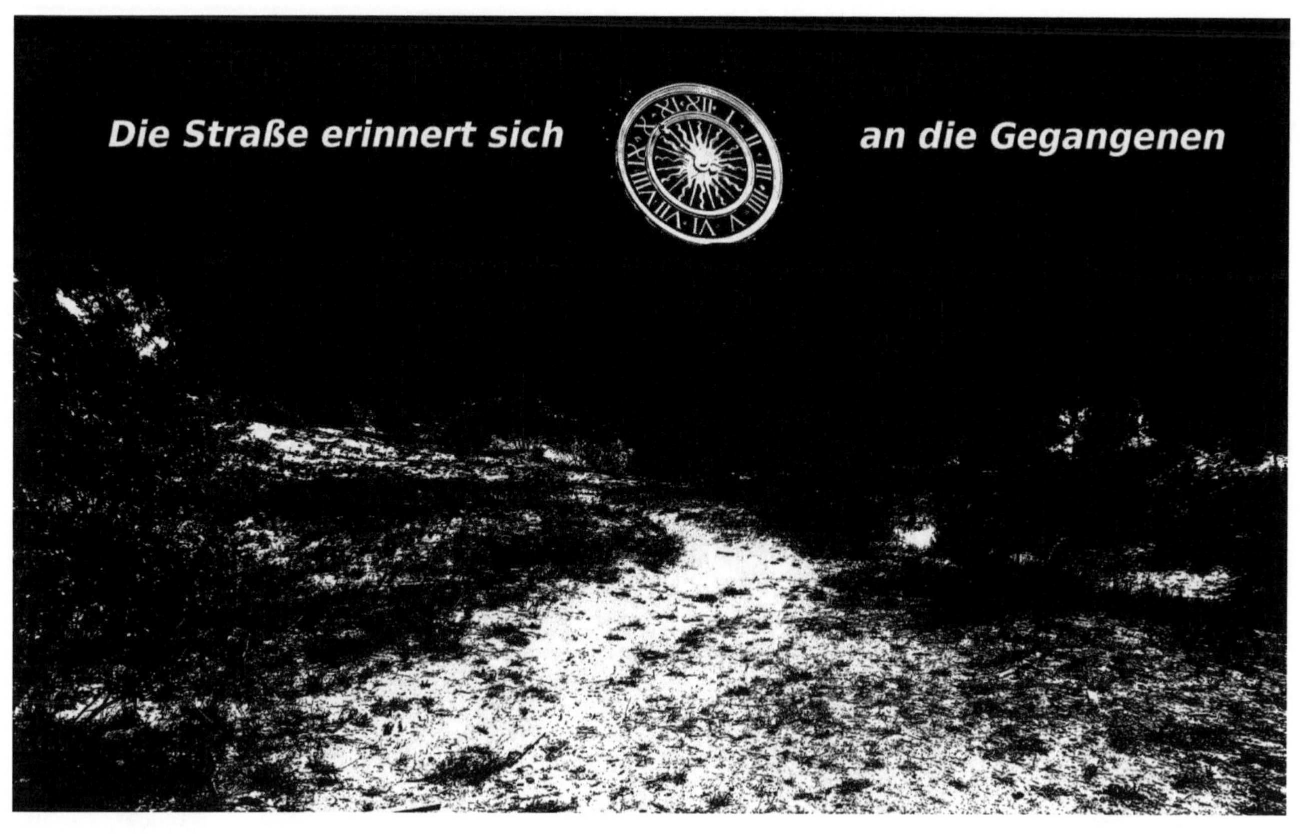

Kunstprojekt Felirina Boris"Nemtsoff
Autoren: Angela Laich, Ivan Smirnoff

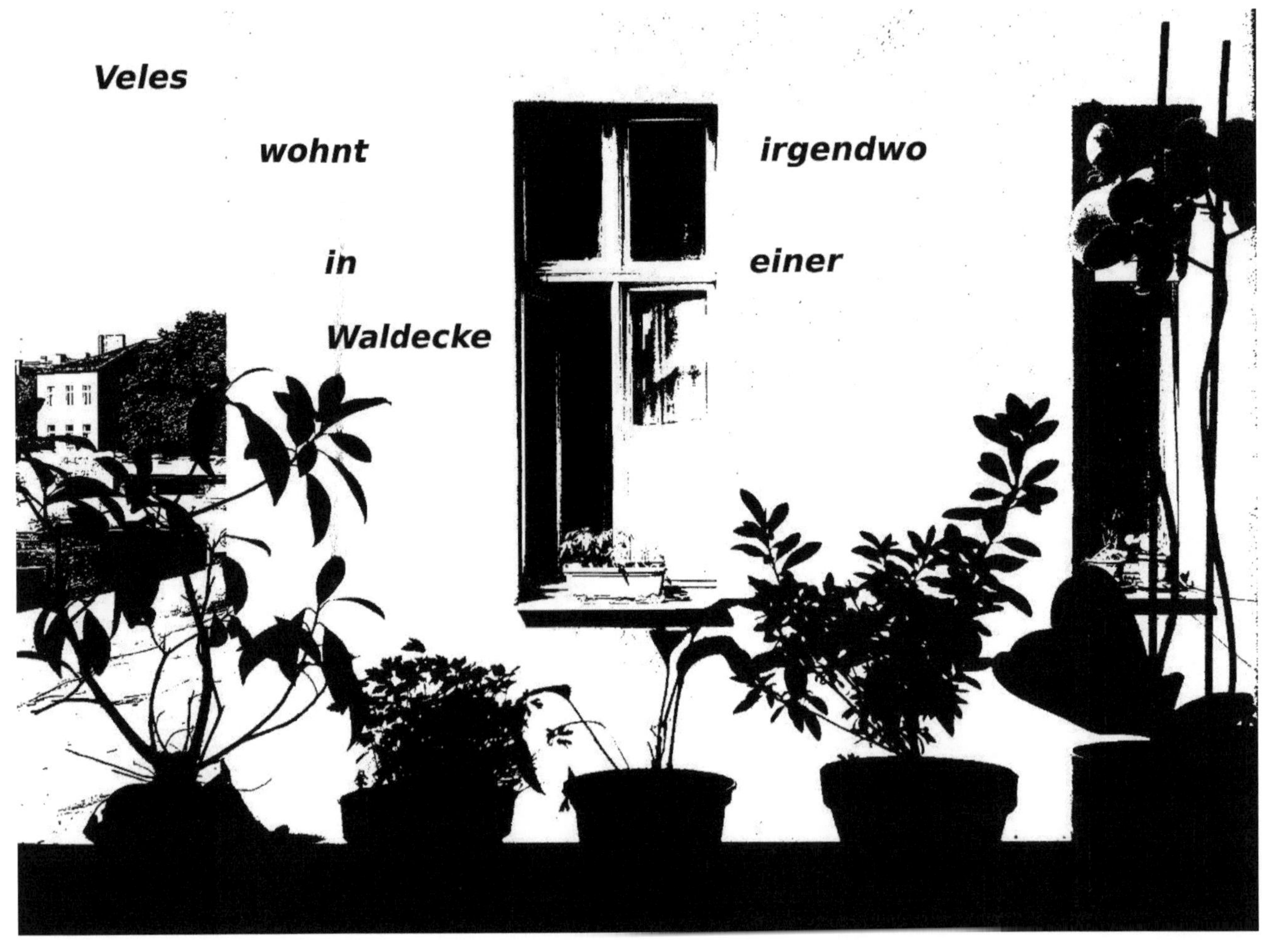

Kunstprojekt Felirina Boris"Nemtsoff
Autor: Ivan Smirnoff

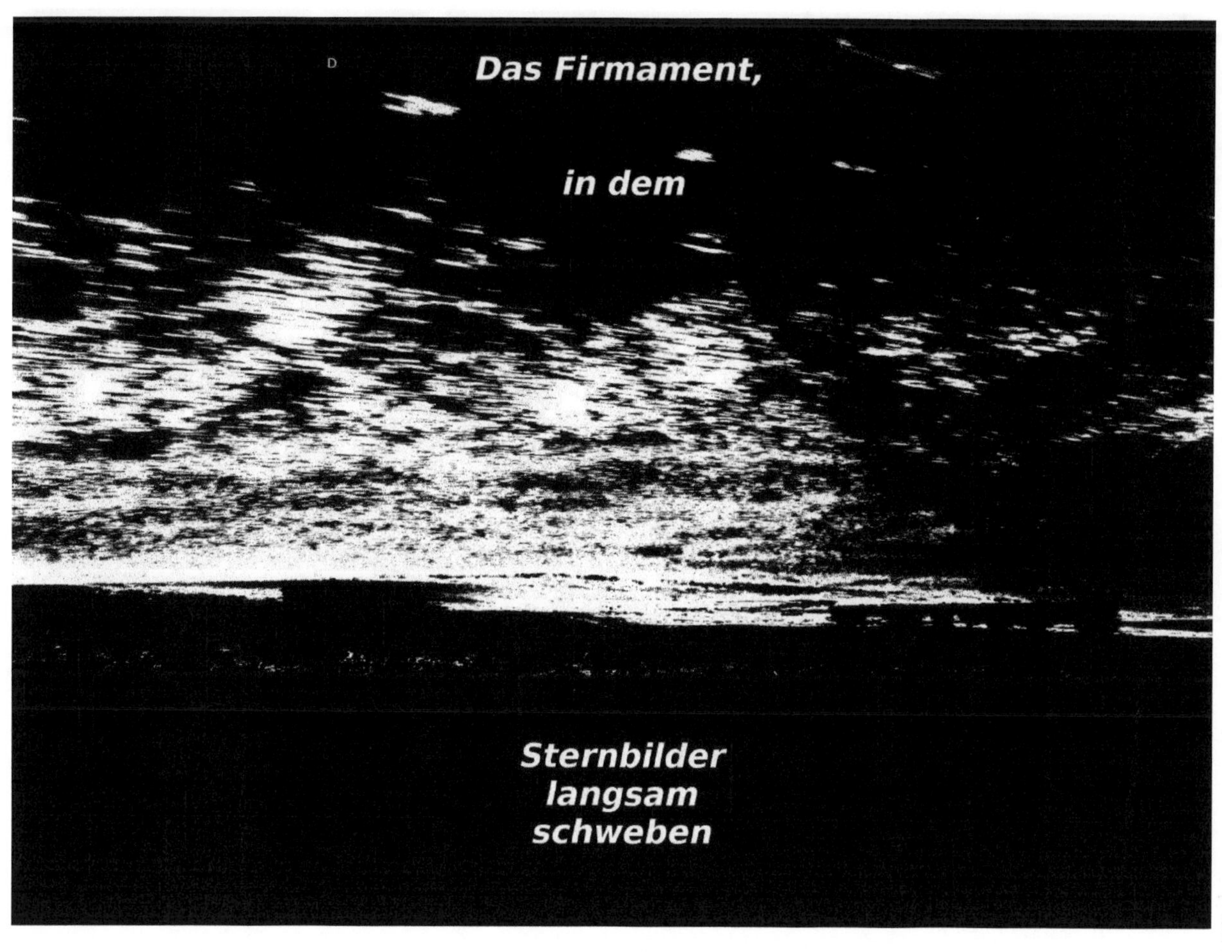

Kunstprojekt Felirina Boris"Nemtsoff
Autor: Ivan Smirnoff

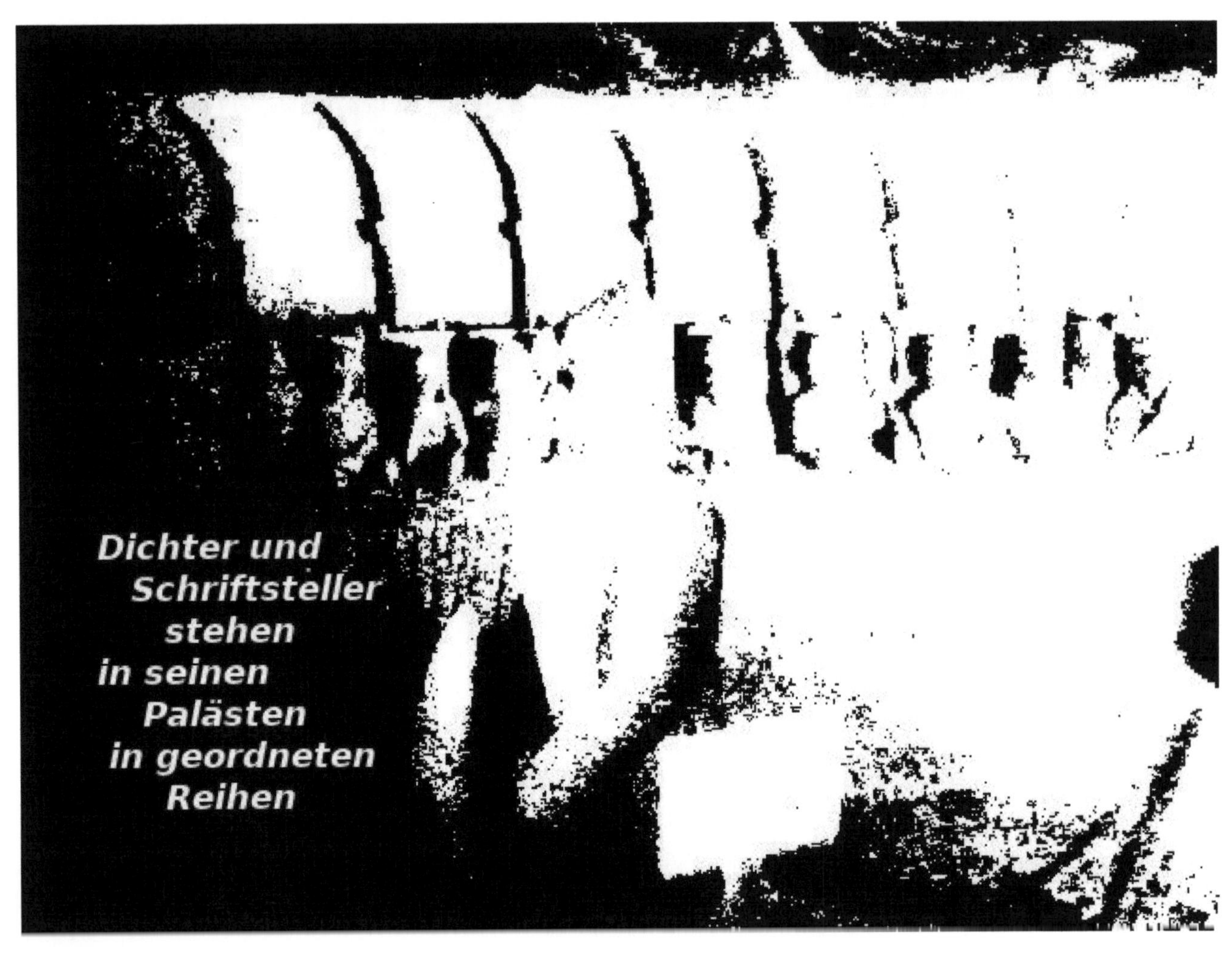

Kunstprojekt Felirina Boris"Nemtsoff
Autor: Ivan Smirnoff

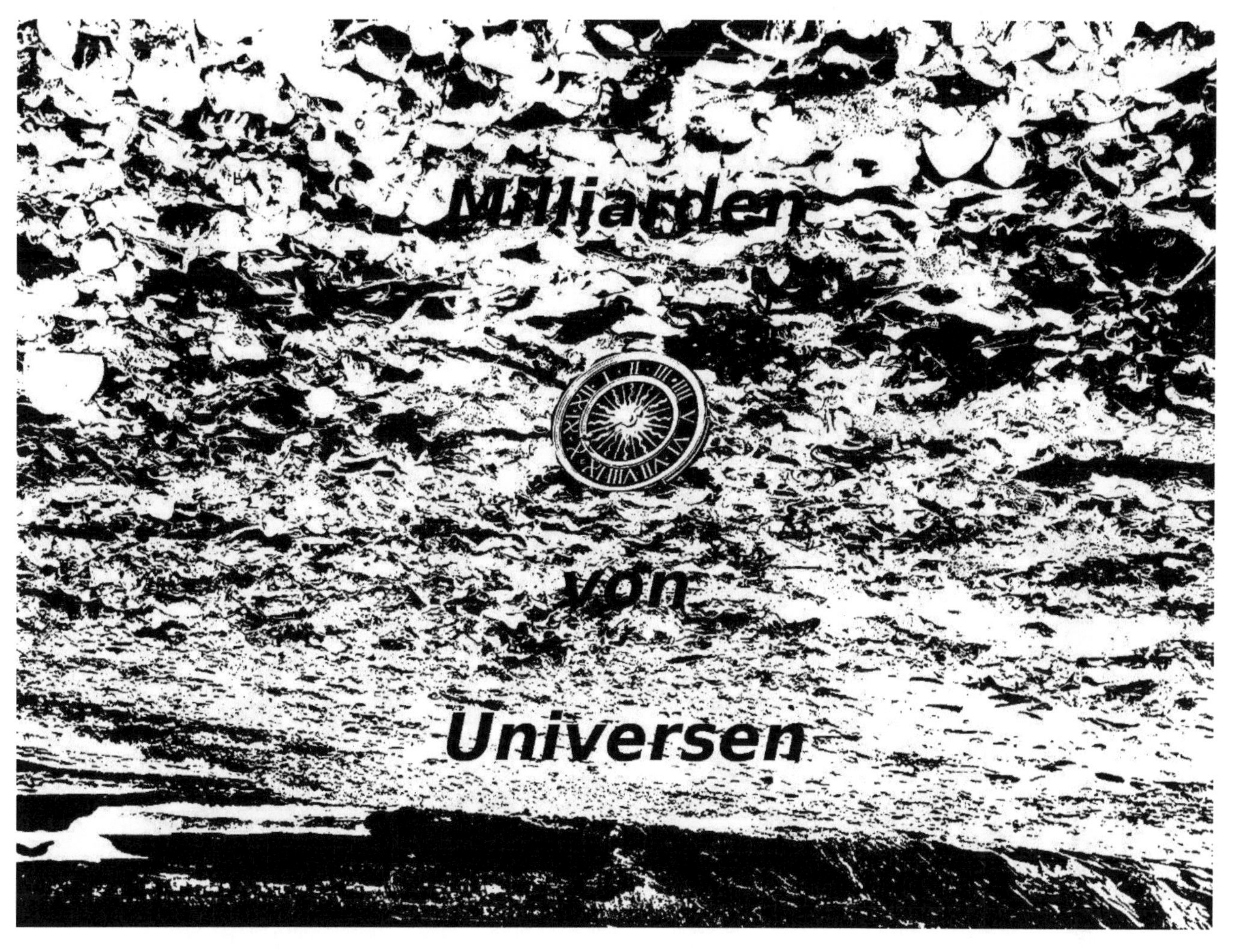

Kunstprojekt Felirina Boris"Nemtsoff
Autoren: Angela Laich, Ivan Smirnoff

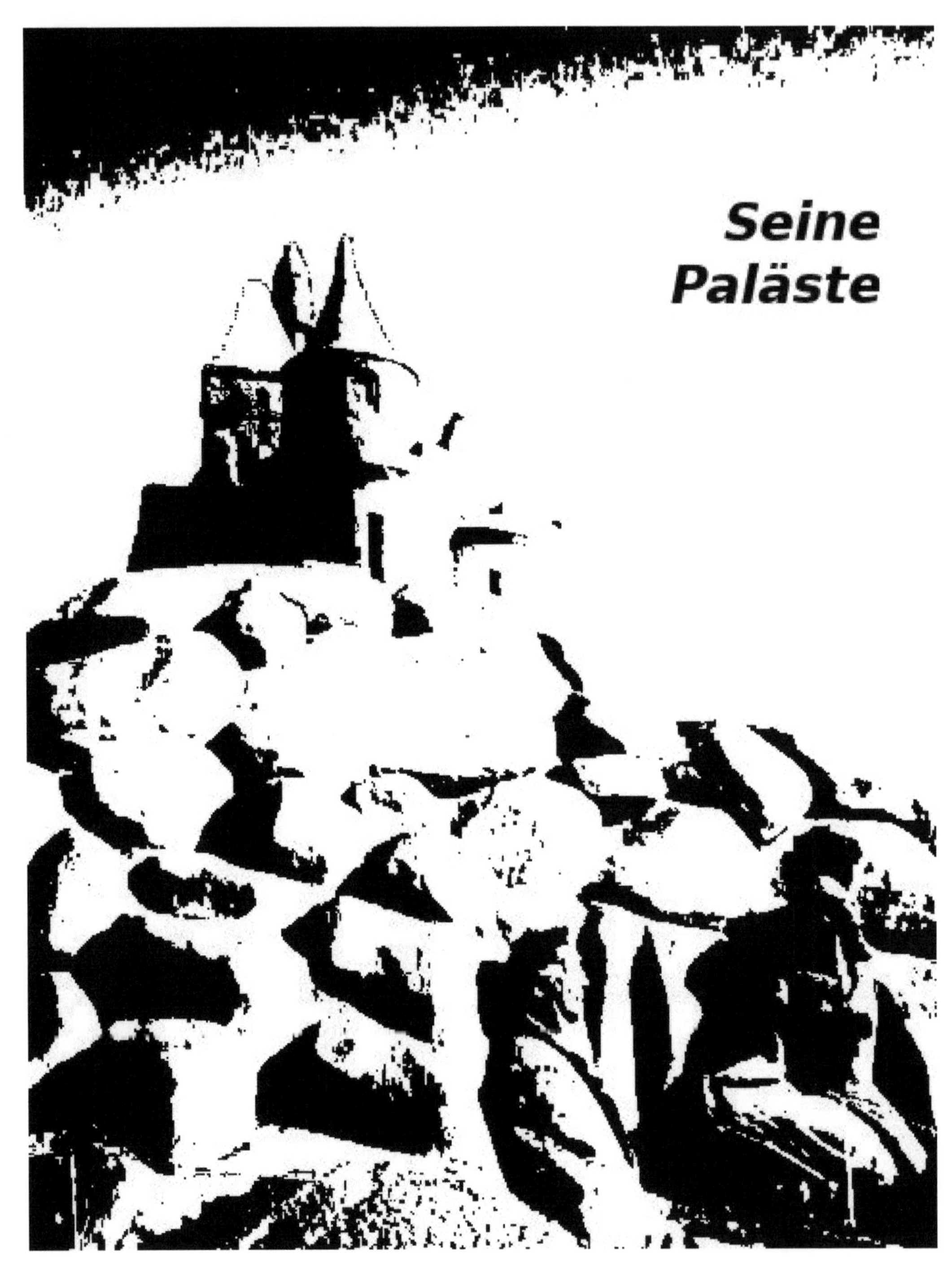

Kunstprojekt Felirina Boris"Nemtsoff
Autor: Ivan Smirnoff

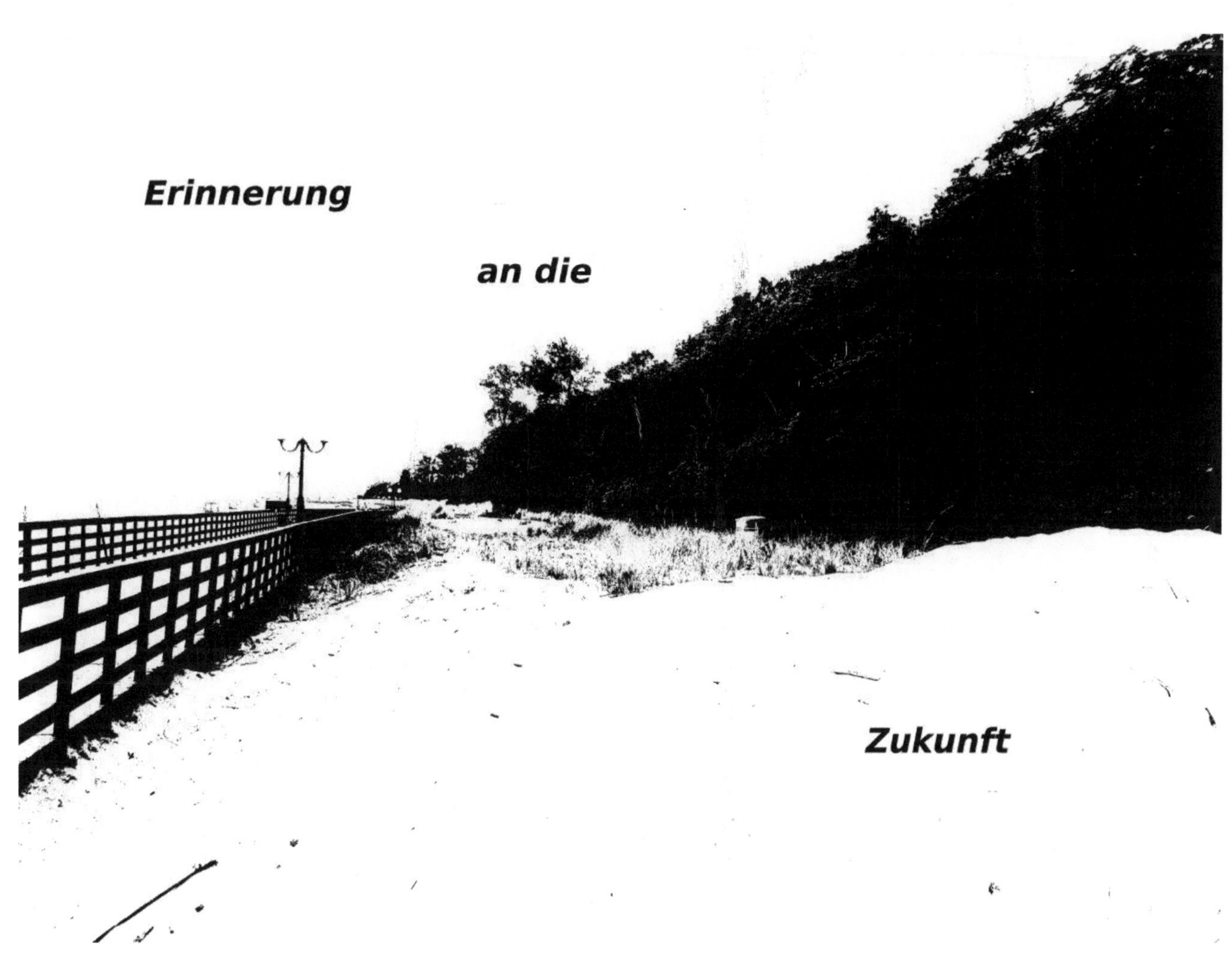

Kunstprojekt Felirina Boris"Nemtsoff
Autor: Ivan Smirnoff

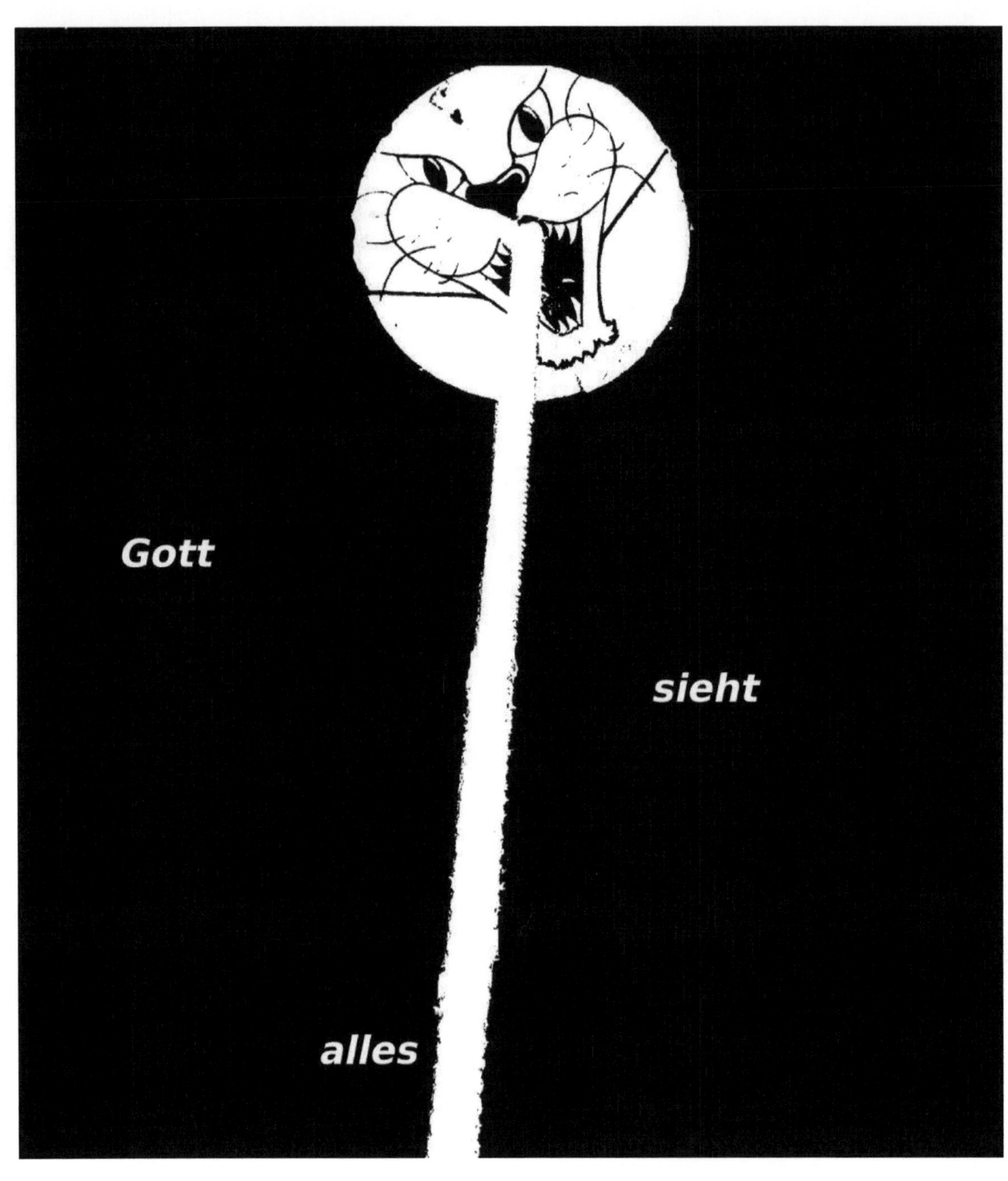

Kunstprojekt Felirina Boris"Nemtsoff
Autoren: Angela Laich, Ivan Smirnoff

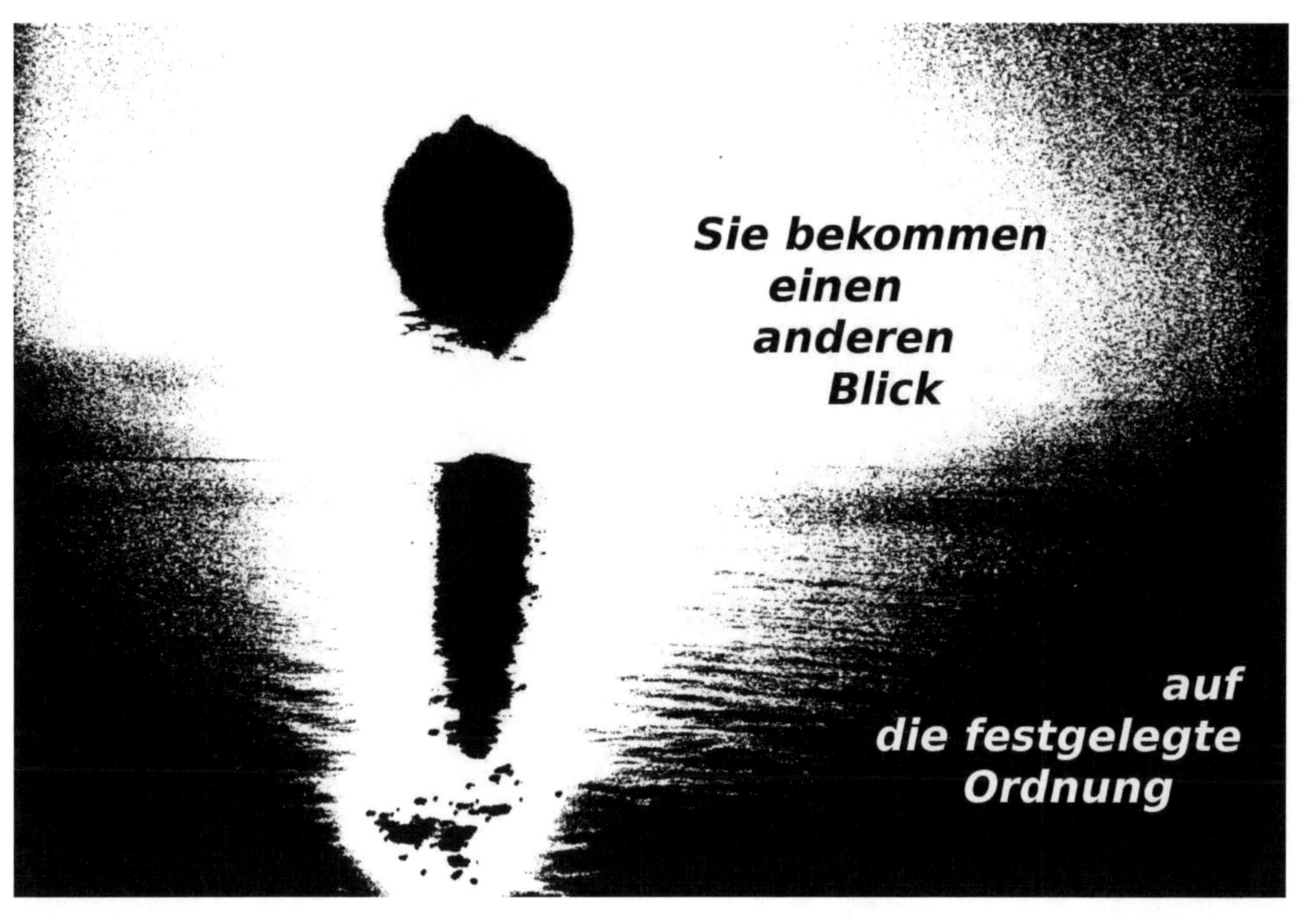

Kunstprojekt Felirina Boris"Nemtsoff
Autor: Ivan Smirnoff

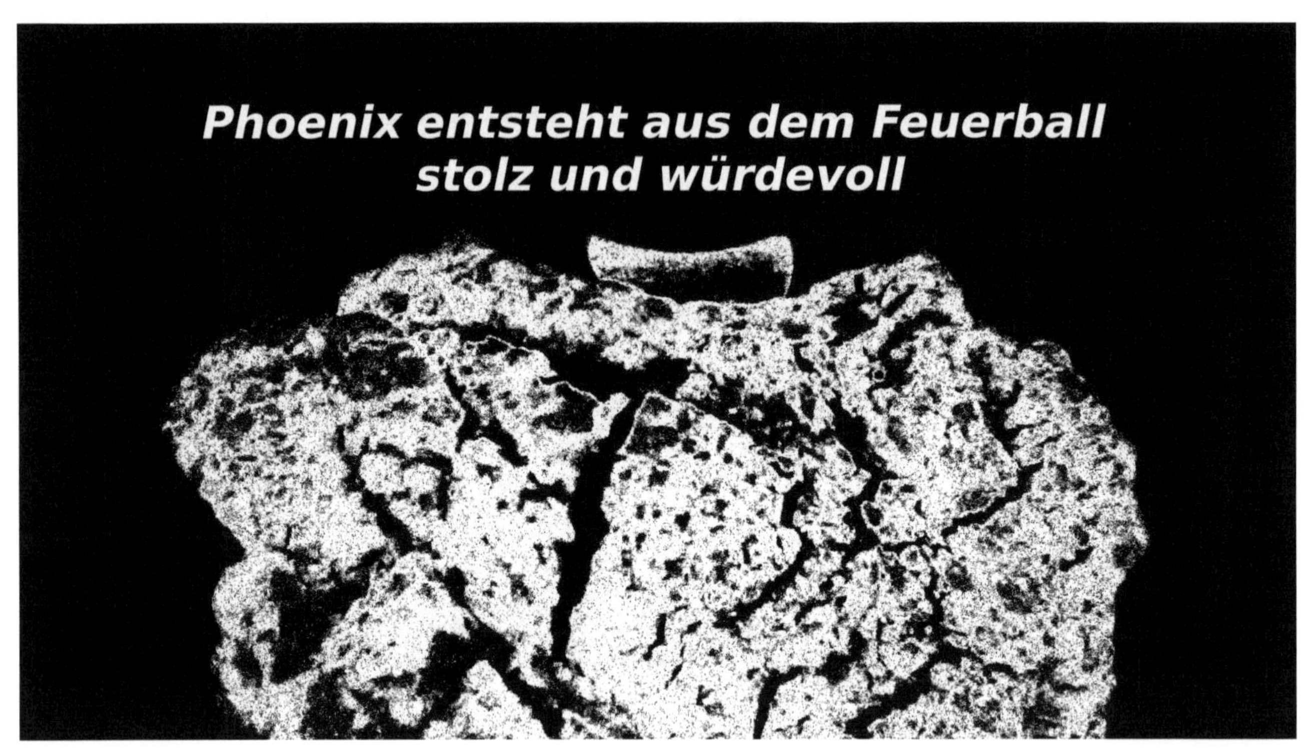

Kunstprojekt Felirina Boris"Nemtsoff
Autoren:
Skulptur Simone Elsing, Bildhauerin Berlin
Ivan Smirnoff

II

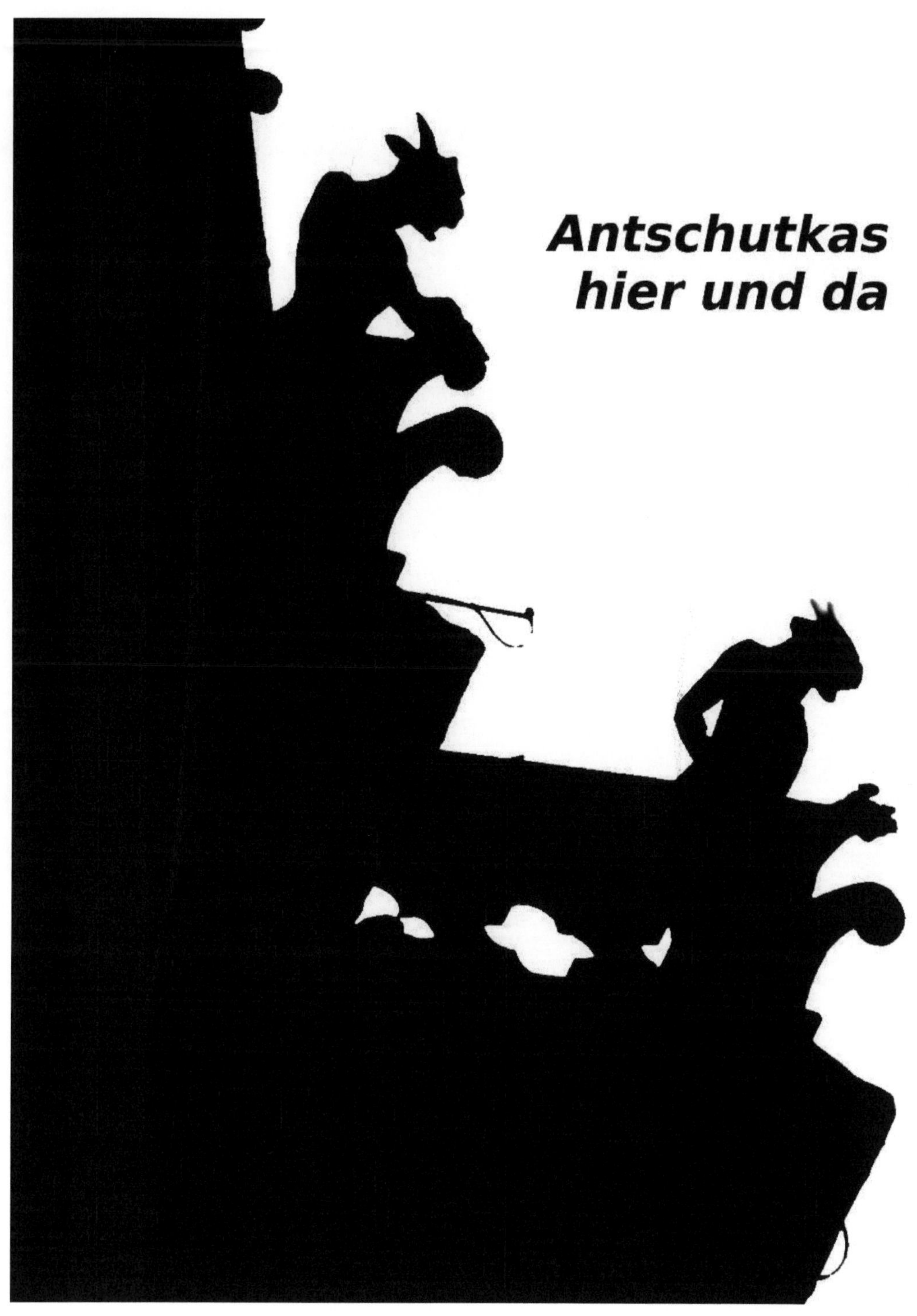

Kunstprojekt Felirina Boris"Nemtsoff
Autor: Ivan Smirnoff

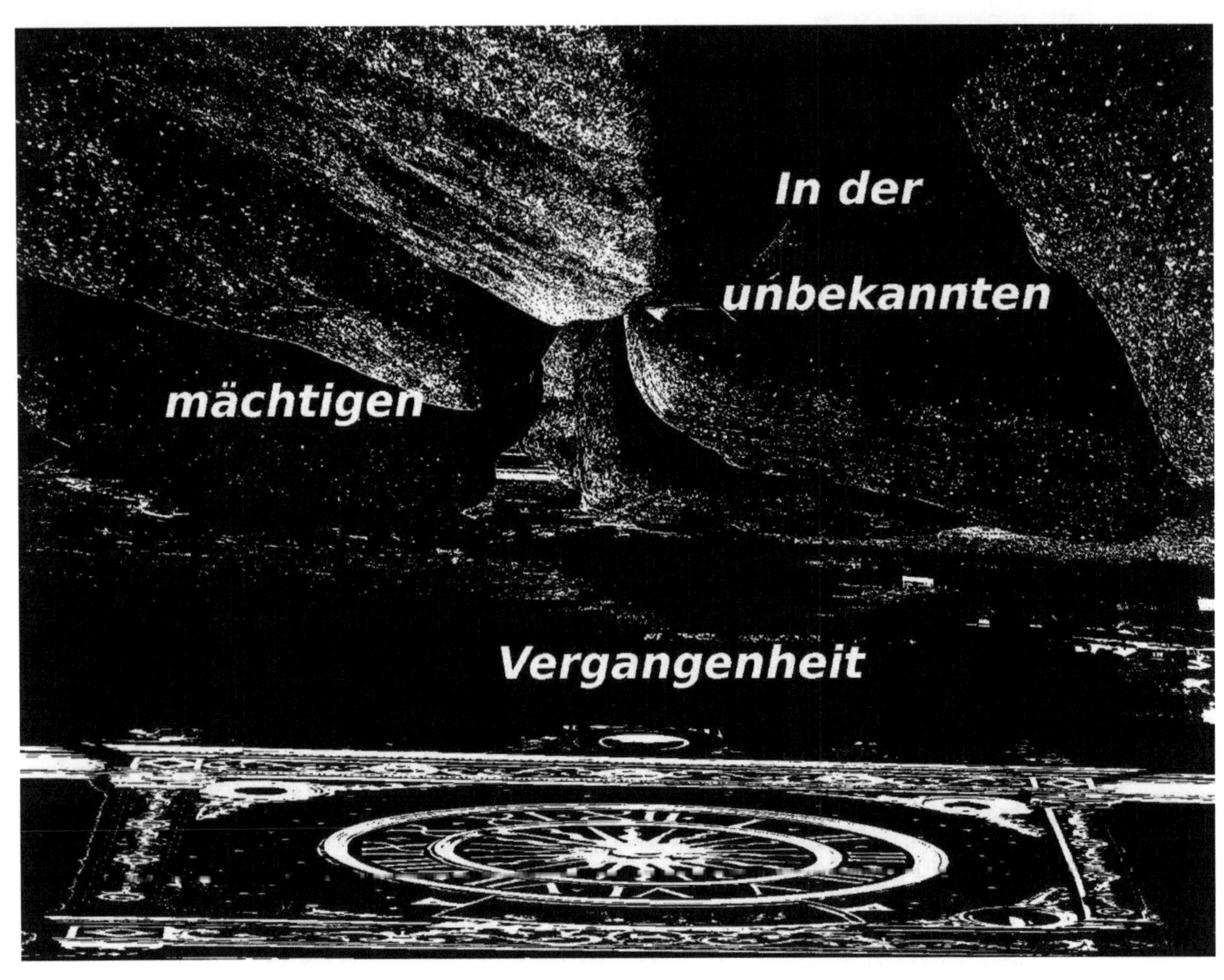

Kunstprojekt Felirina Boris"Nemtsoff
Autoren: Angela Laich, Ivan Smirnoff

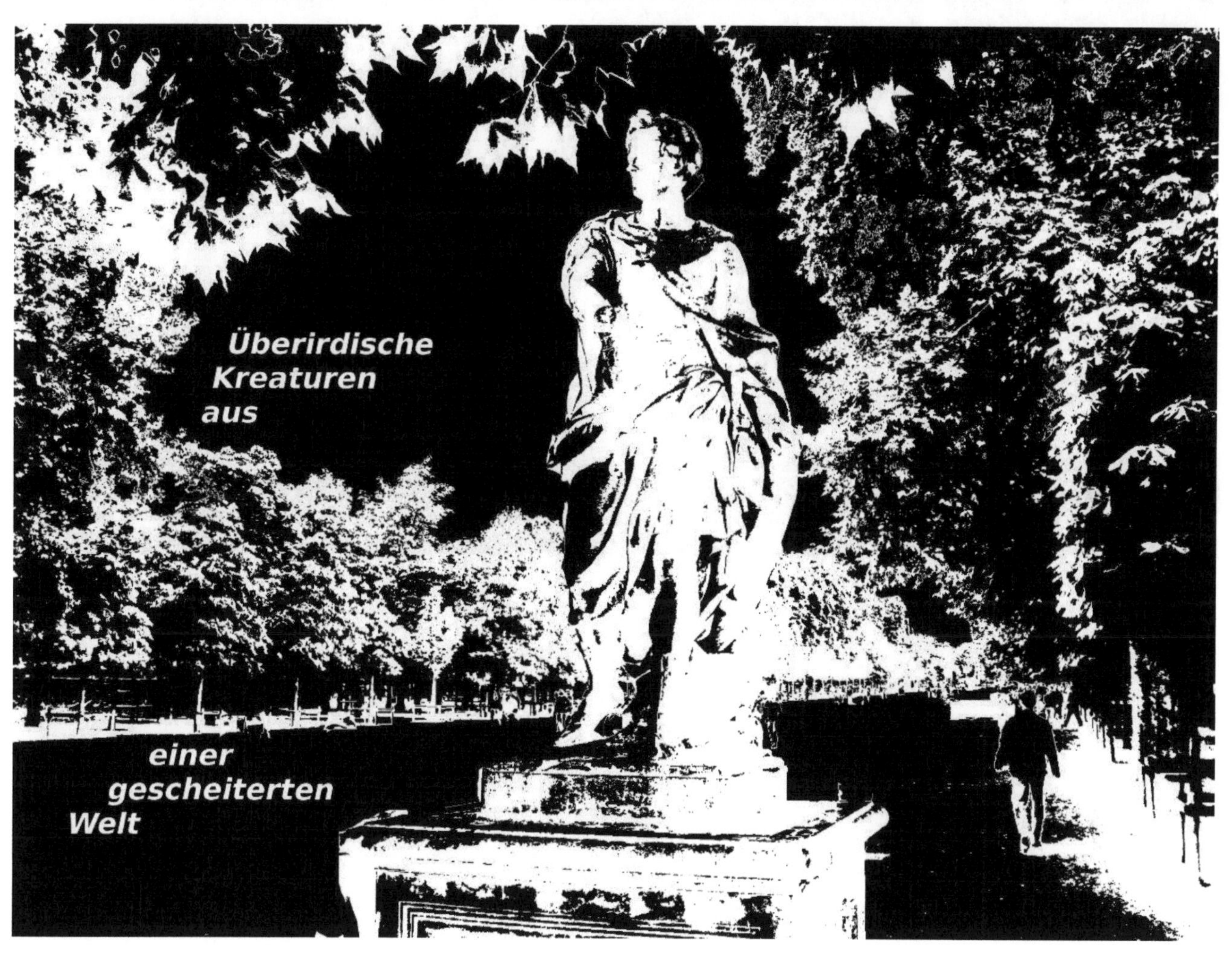

Kunstprojekt Felirina Boris"Nemtsoff
Autor: Ivan Smirnoff

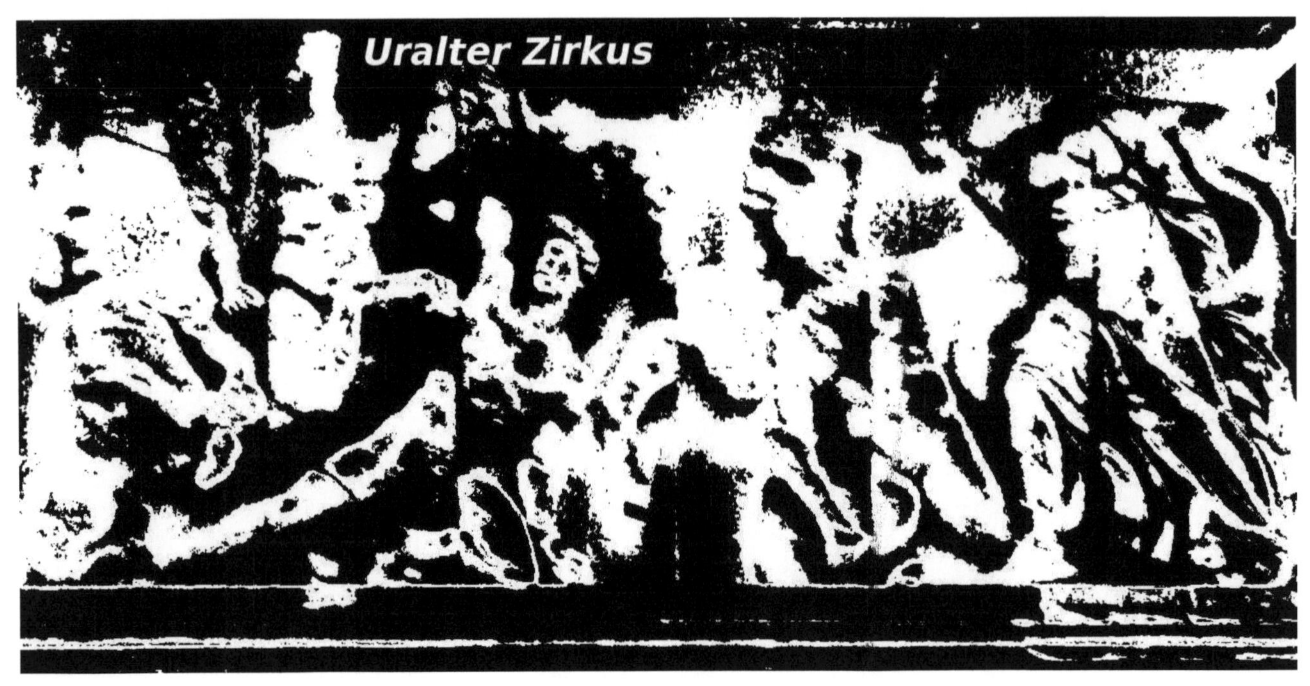

Kunstprojekt Felirina Boris"Nemtsoff
Autor: Ivan Smirnoff

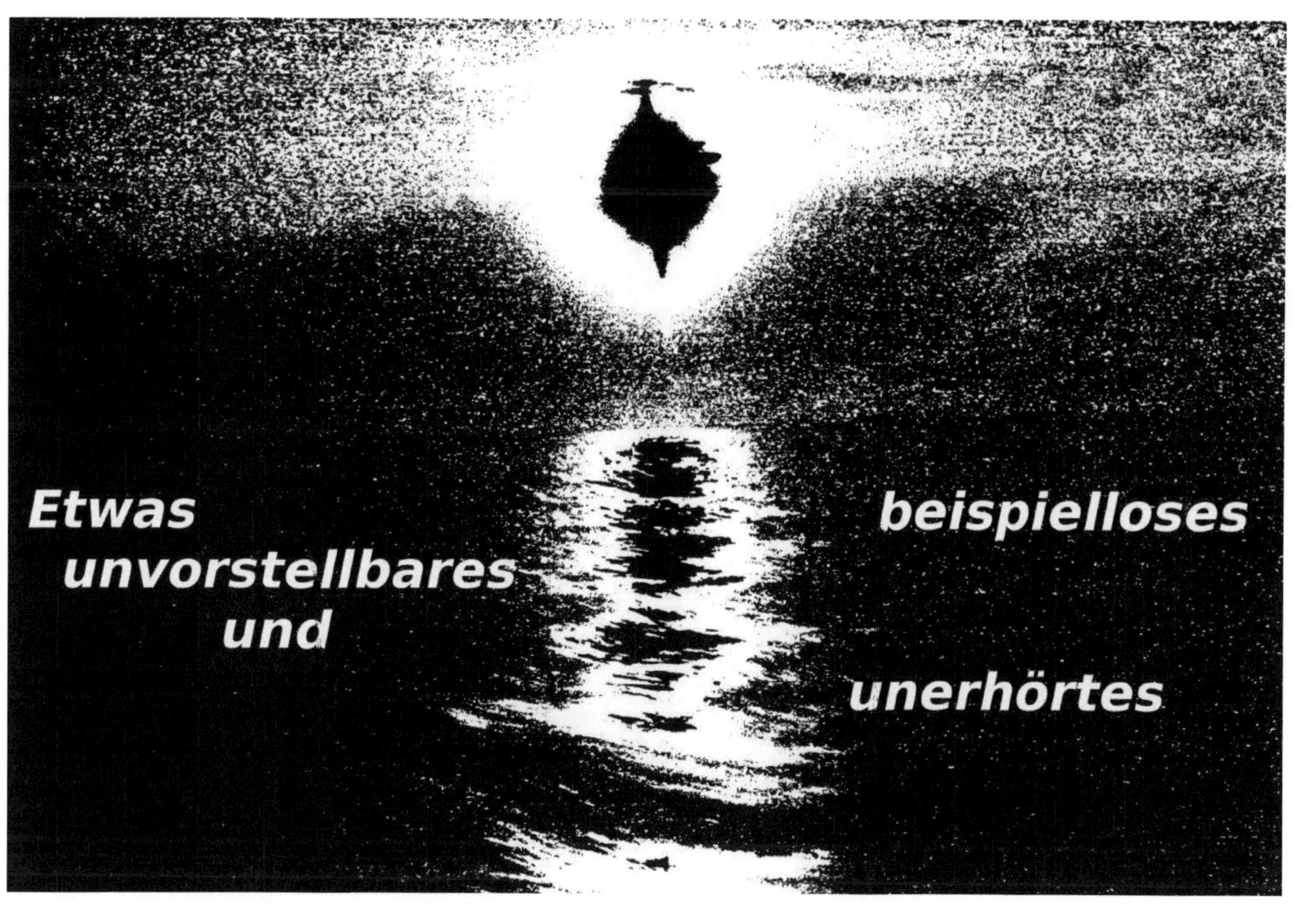

Kunstprojekt Felirina Boris"Nemtsoff
Autor: Ivan Smirnoff

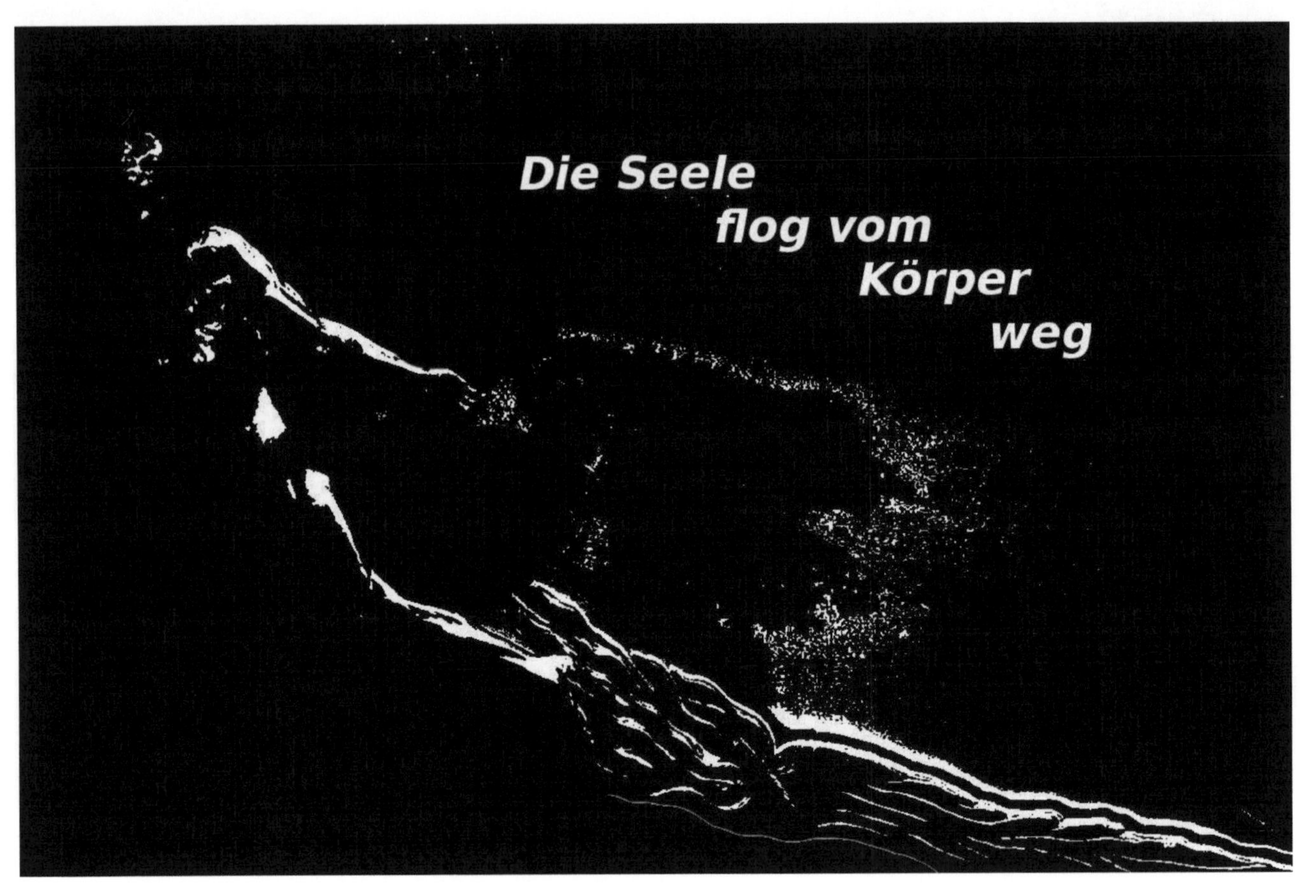

Kunstprojekt Felirina Boris"Nemtsoff
Autoren: Ivan Smirnoff, Angela Laich

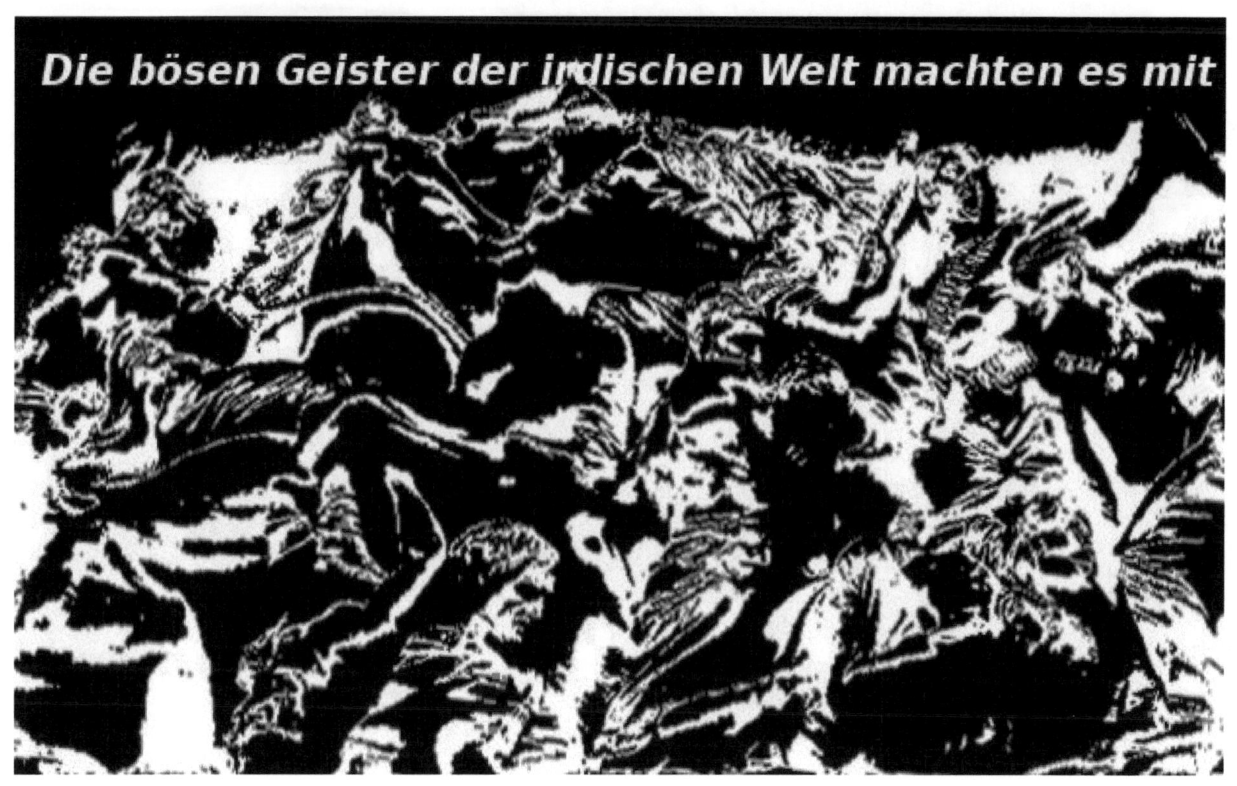

Kunstprojekt Felirina Boris"Nemtsoff
Autor: Ivan Smirnoff

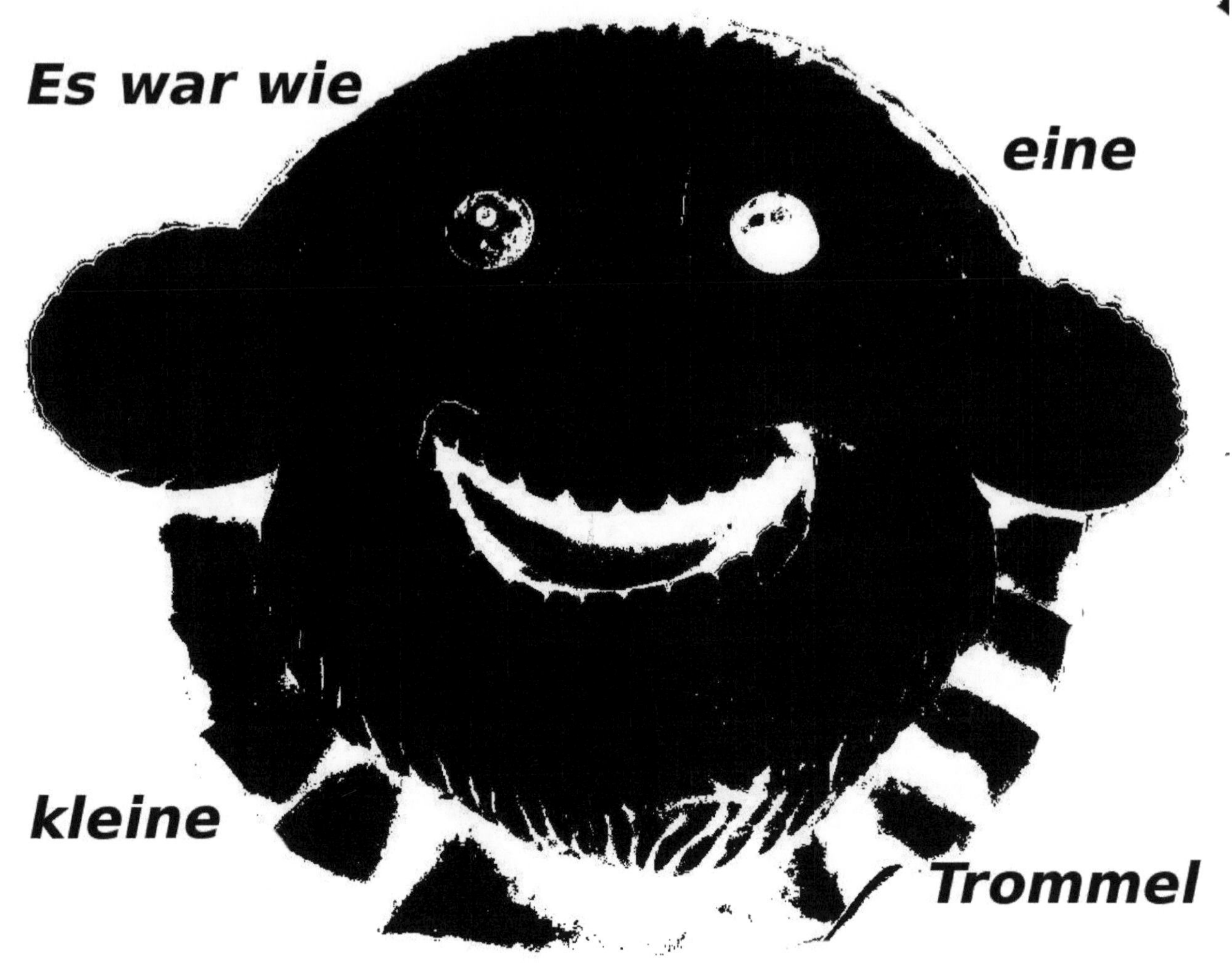

Kunstprojekt Felirina Boris"Nemtsoff
Autor: Ivan Smirnoff

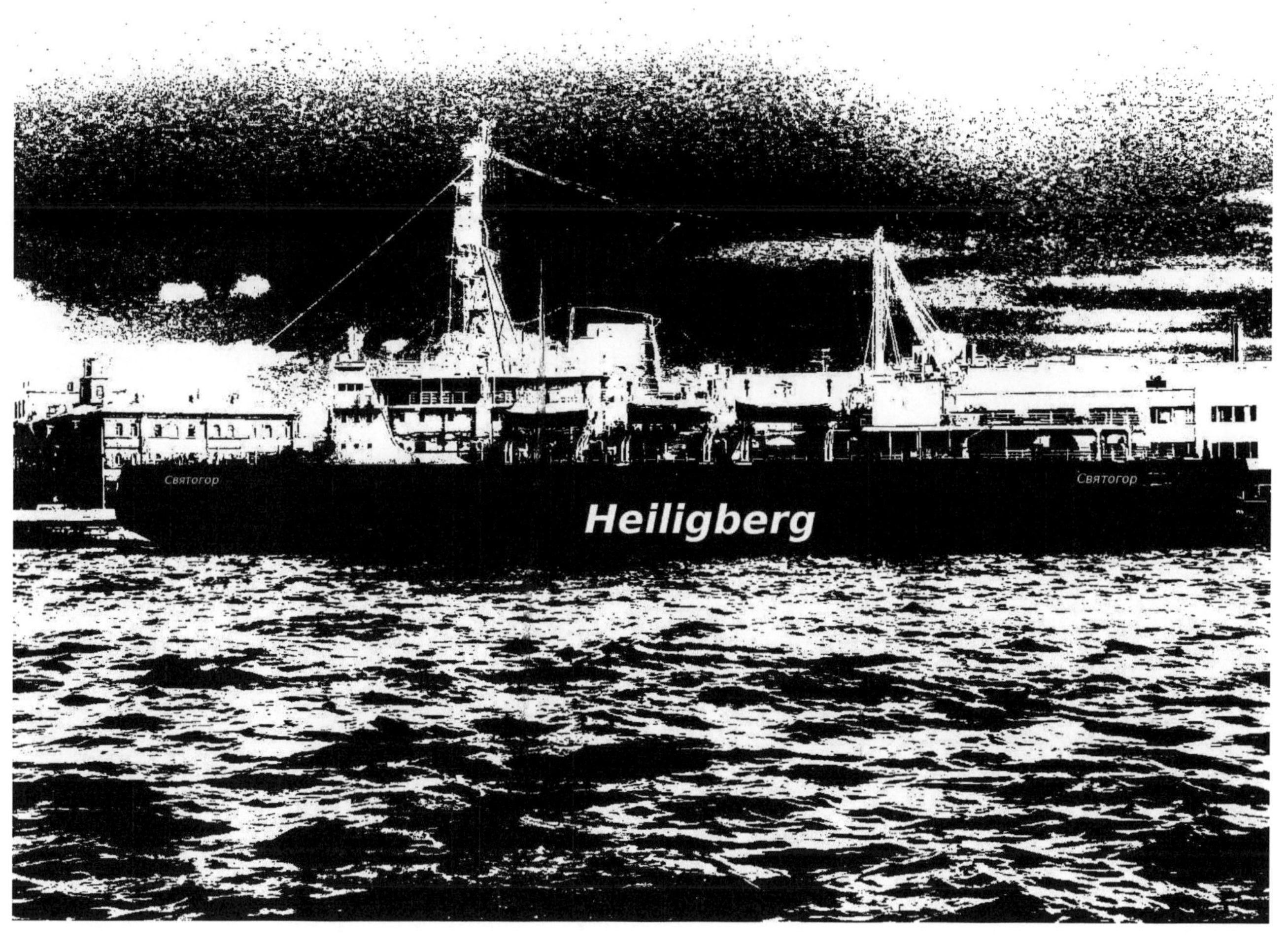

Kunstprojekt Felirina Boris"Nemtsoff
Autor: Ivan Smirnoff

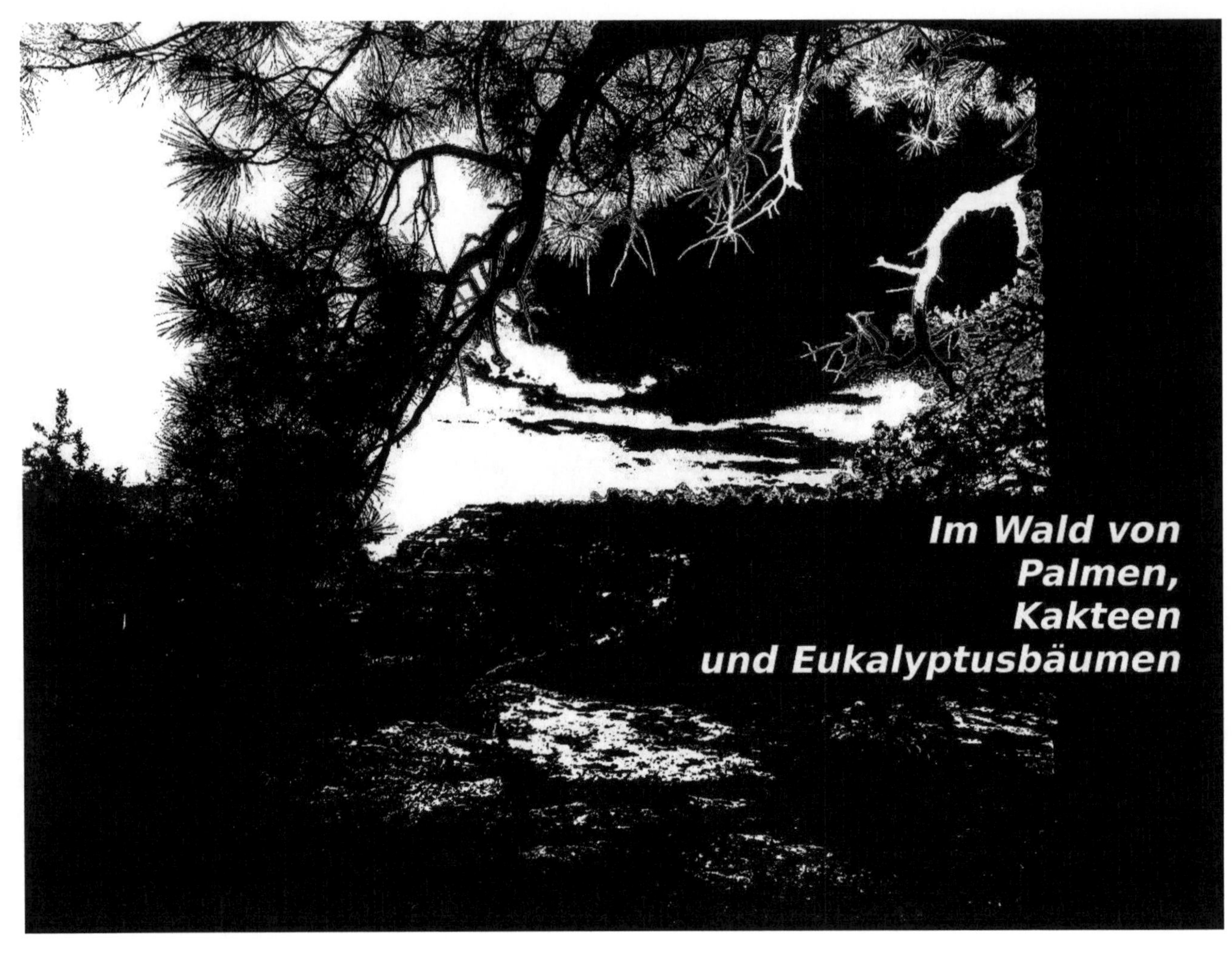

Kunstprojekt Felirina Boris"Nemtsoff
Autor: Ivan Smirnoff

Dort scheint fast das ganze Jahr über die Sonne

Kunstprojekt Felirina Boris"Nemtsoff
Autor: Ivan Smirnoff

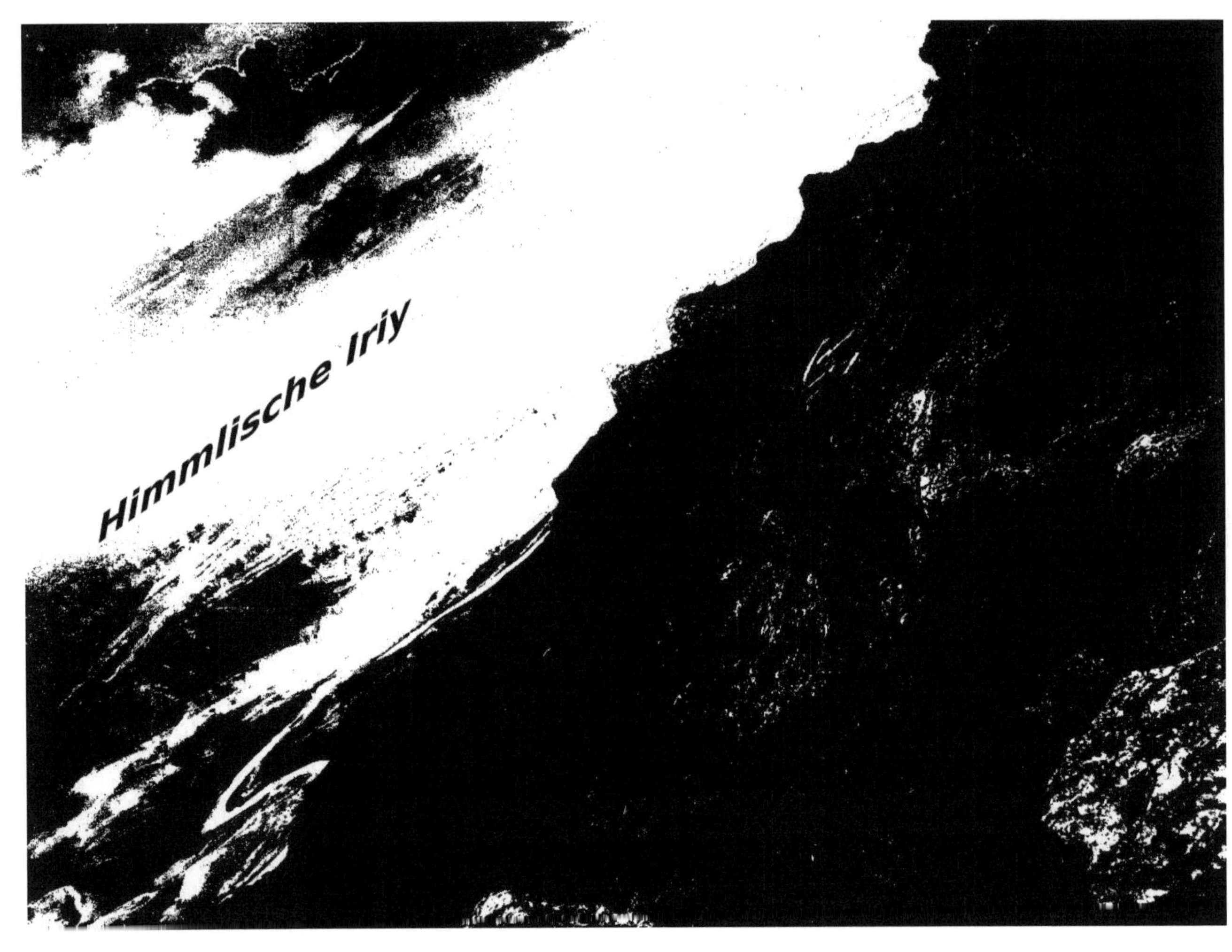

Kunstprojekt Felirina Boris“Nemtsoff
Autor: Ivan Smirnoff

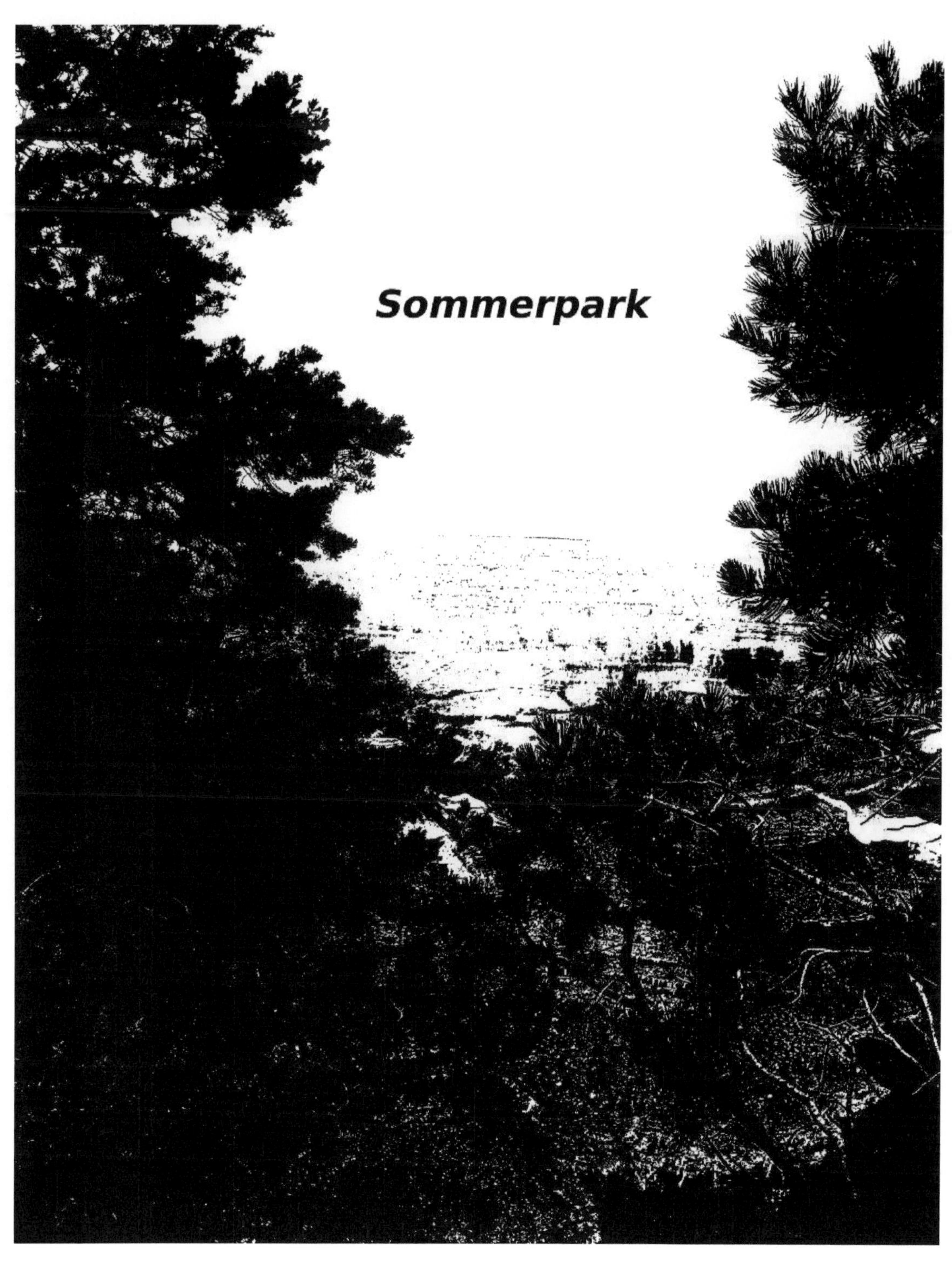

Kunstprojekt Felirina Boris"Nemtsoff
Autor: Ivan Smirnoff

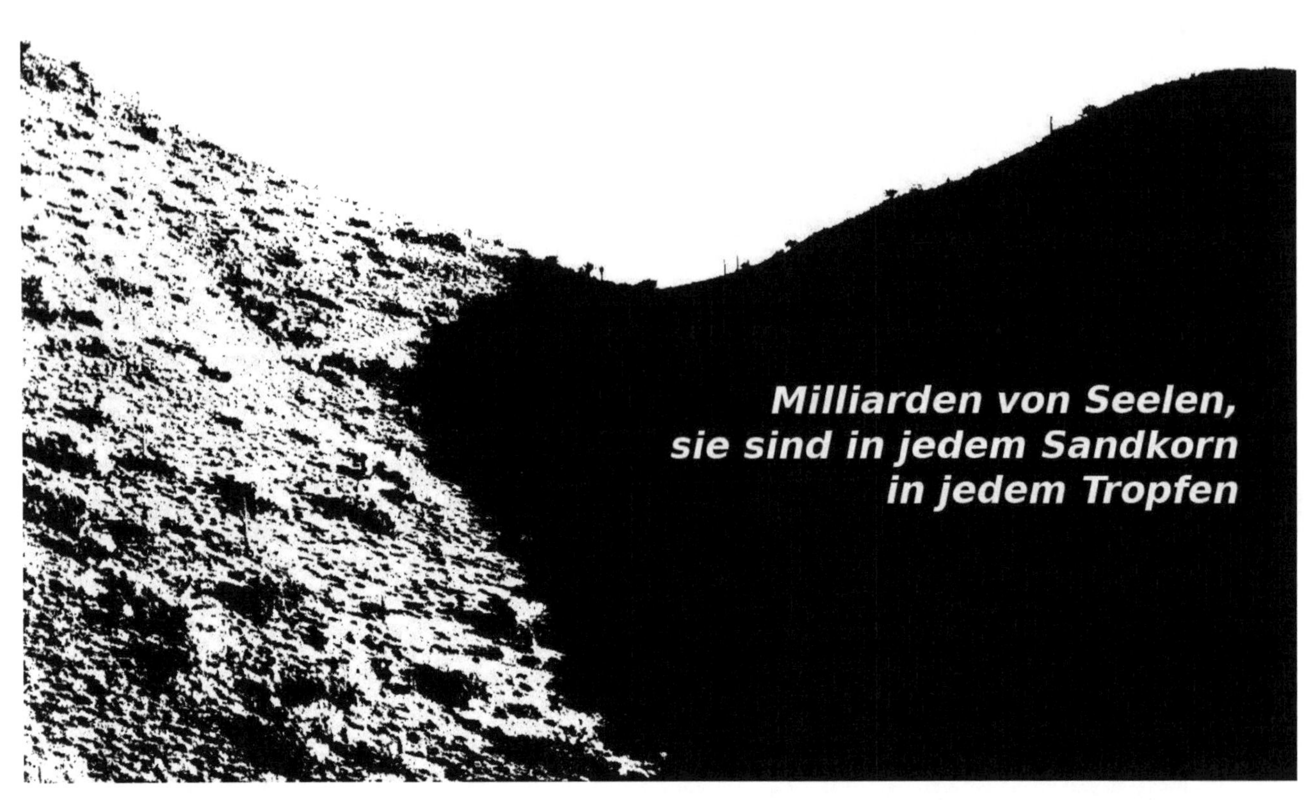

Kunstprojekt Felirina Boris"Nemtsoff
Autor: Ivan Smirnoff

Es ist schwierig, in der menschlichen

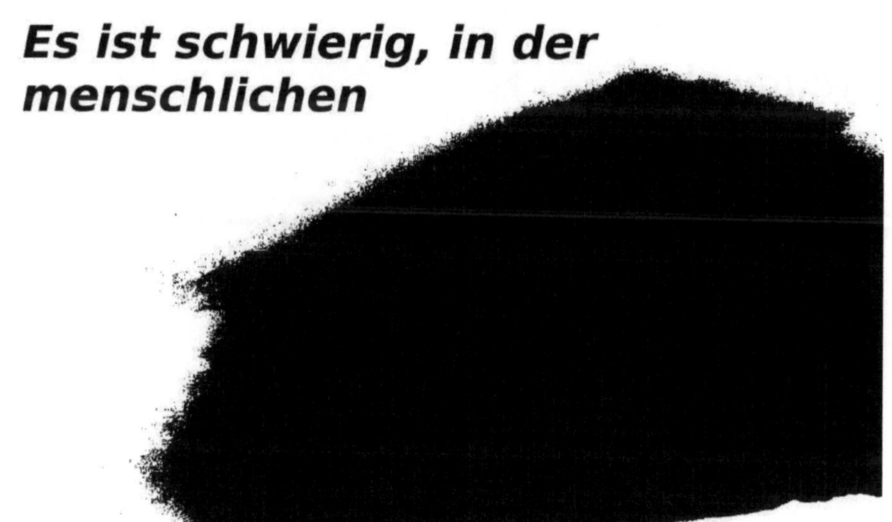

Sprache zu beschreiben, was jenseits unseres
Bewusstseins und unserer
Materie liegt

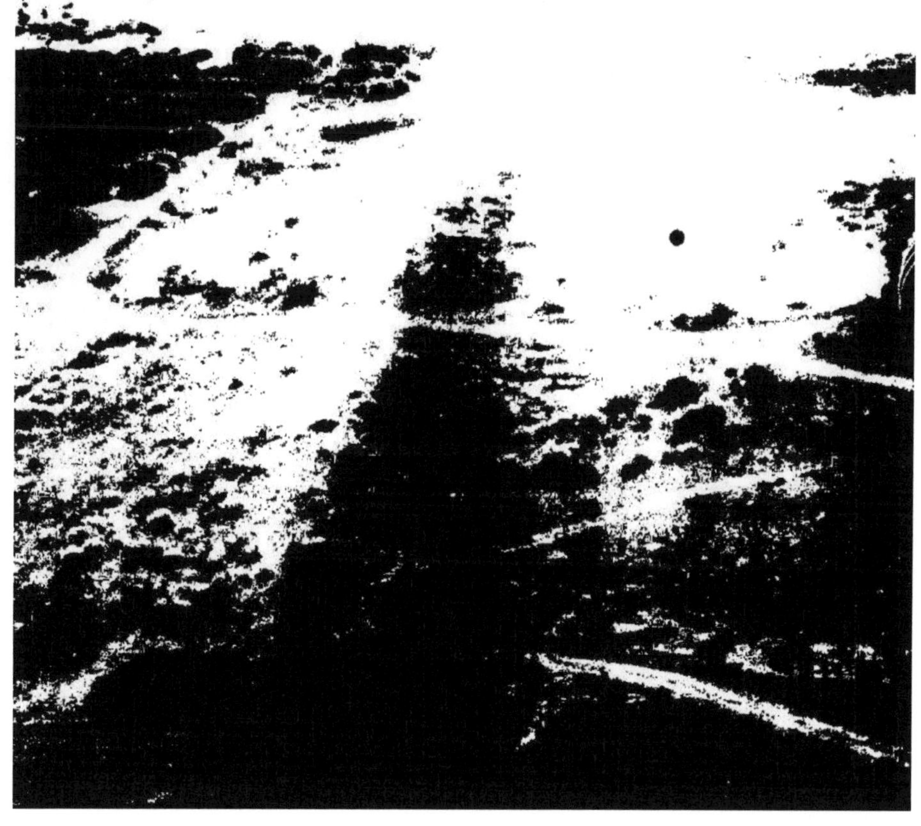

Kunstprojekt Felirina Boris"Nemtsoff
Autor: Ivan Smirnoff

Kunstprojekt Felirina
Boris"Nemtsoff
Autor: Verfremdung
Ivan Smirnoff
gemeinfreies Foto

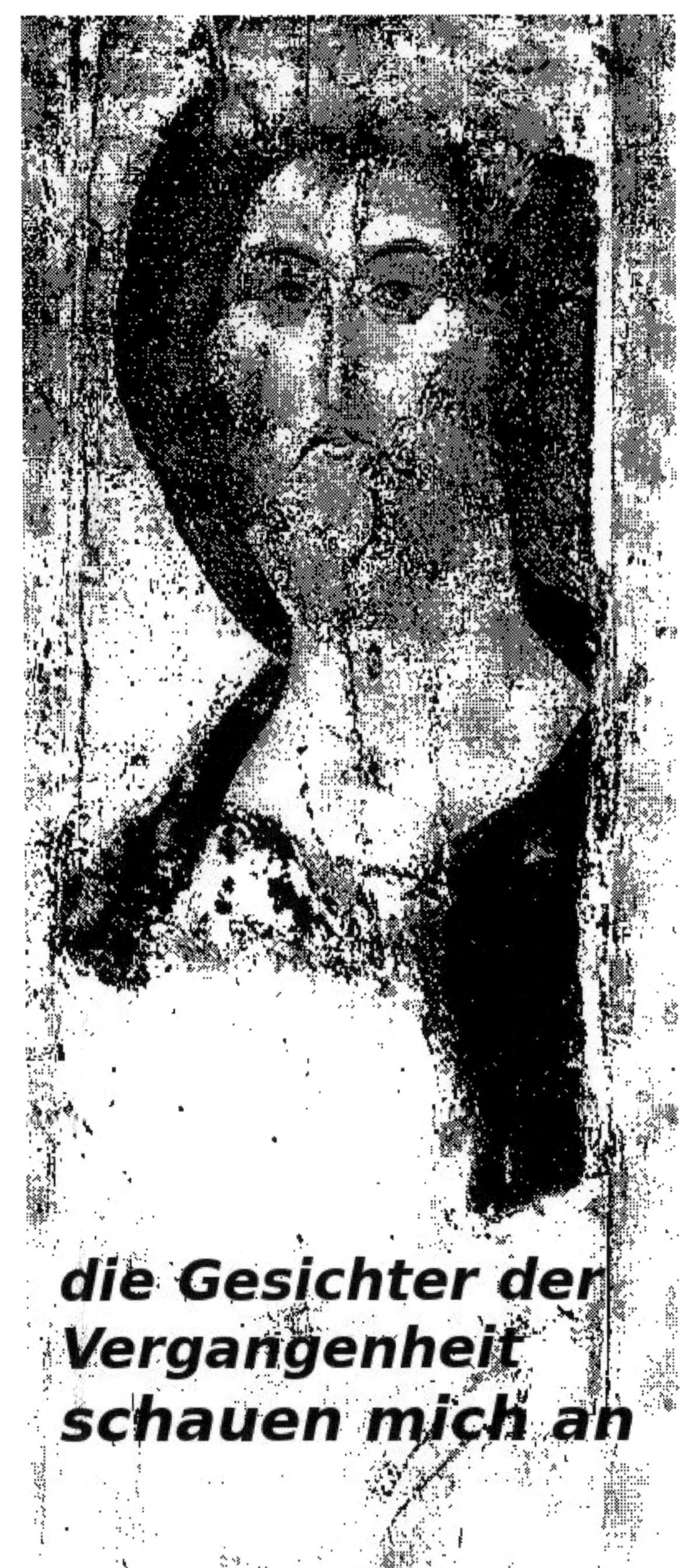

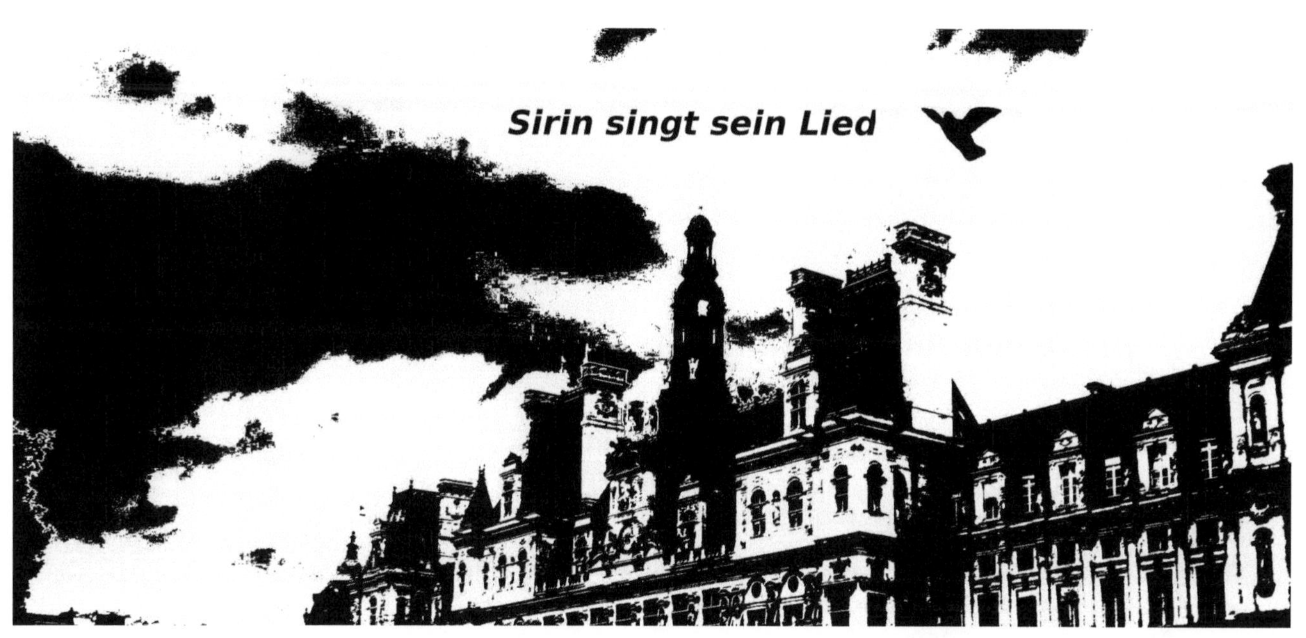

Kunstprojekt Felirina Boris"Nemtsoff
Autor: Ivan Smirnoff

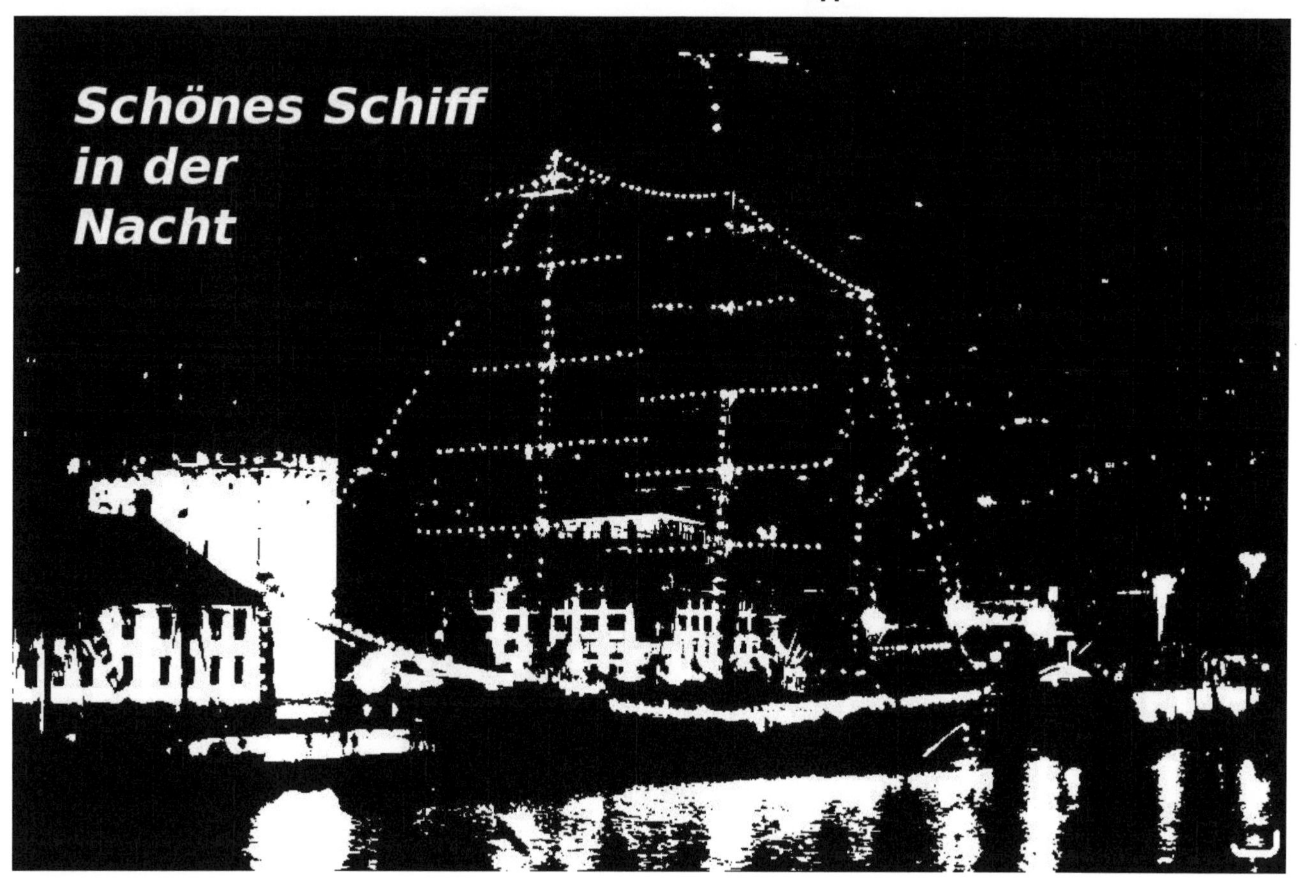

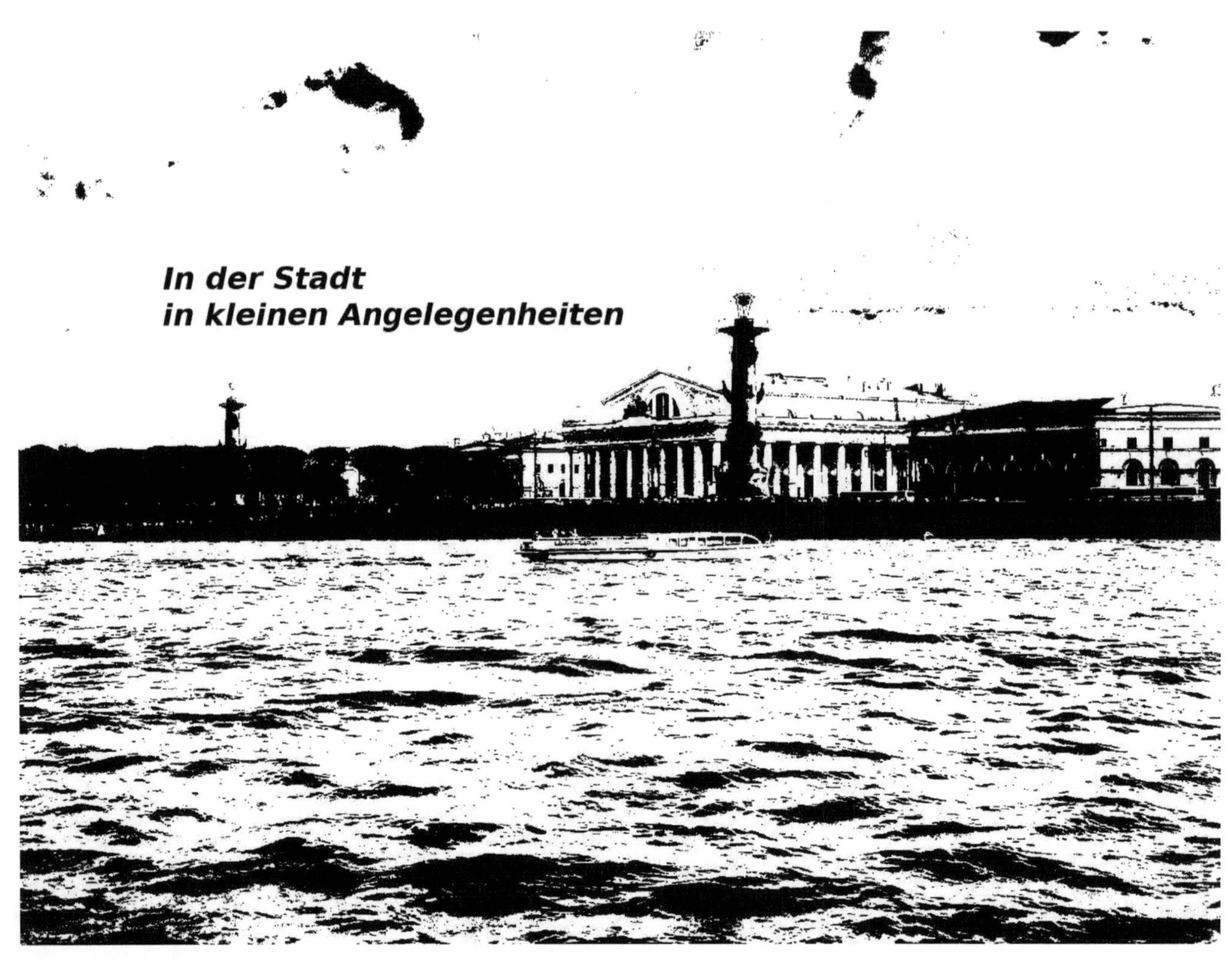

Kunstprojekt Felirina Boris"Nemtsoff
Autor: Ivan Smirnoff

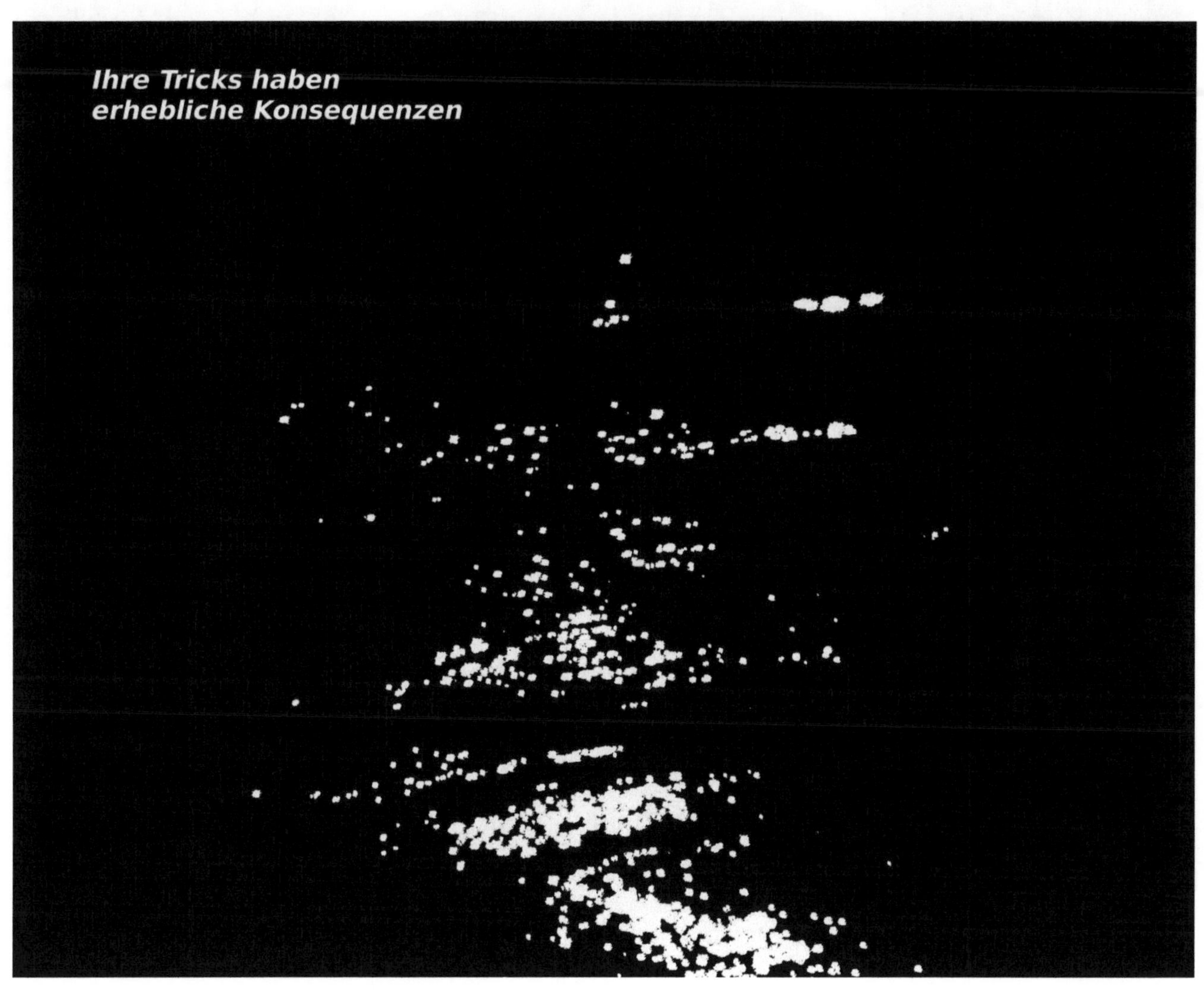

Kunstprojekt Felirina Boris"Nemtsoff
Autor: Ivan Smirnoff

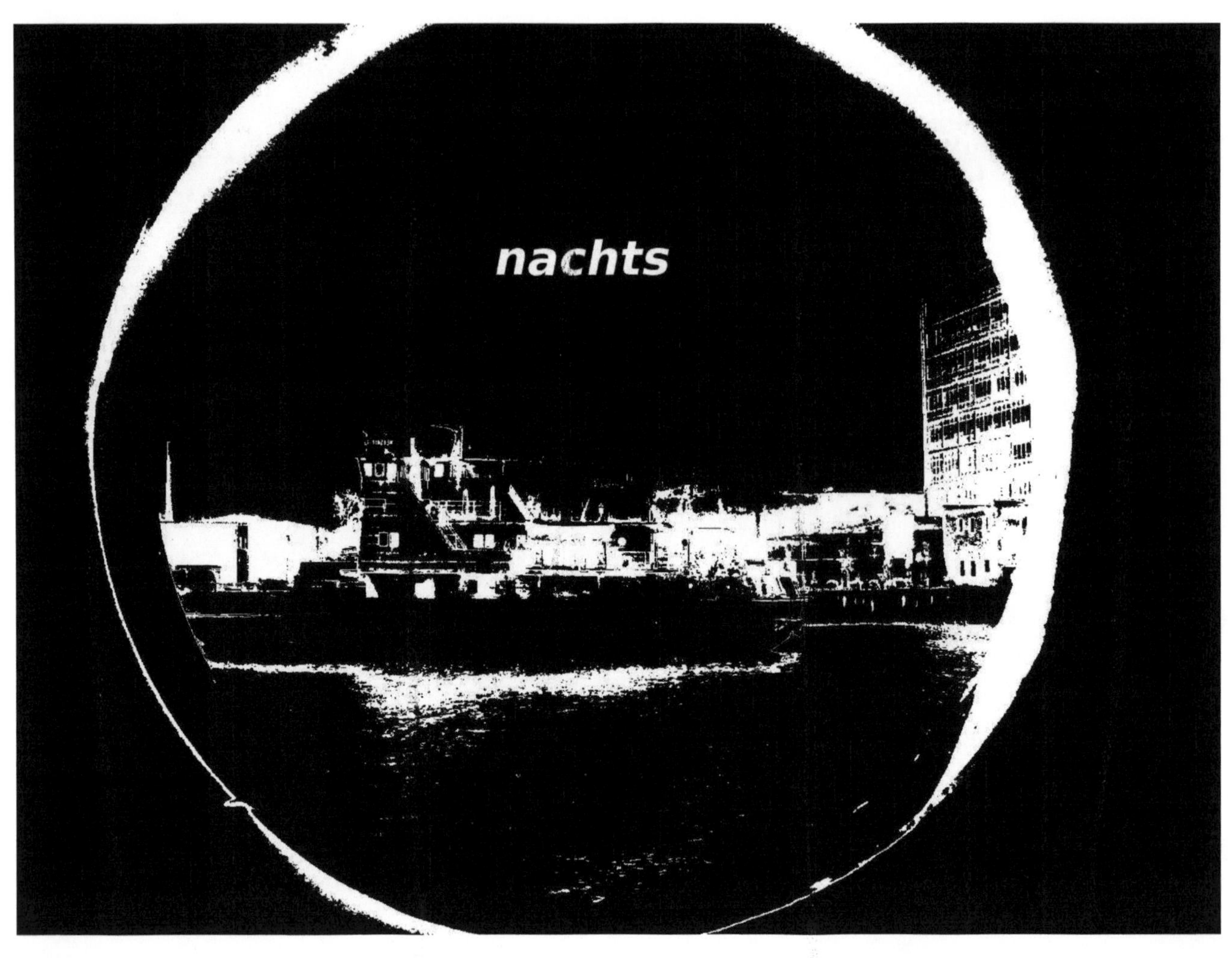

Kunstprojekt Felirina Boris"Nemtsoff
Autor: Ivan Smirnoff

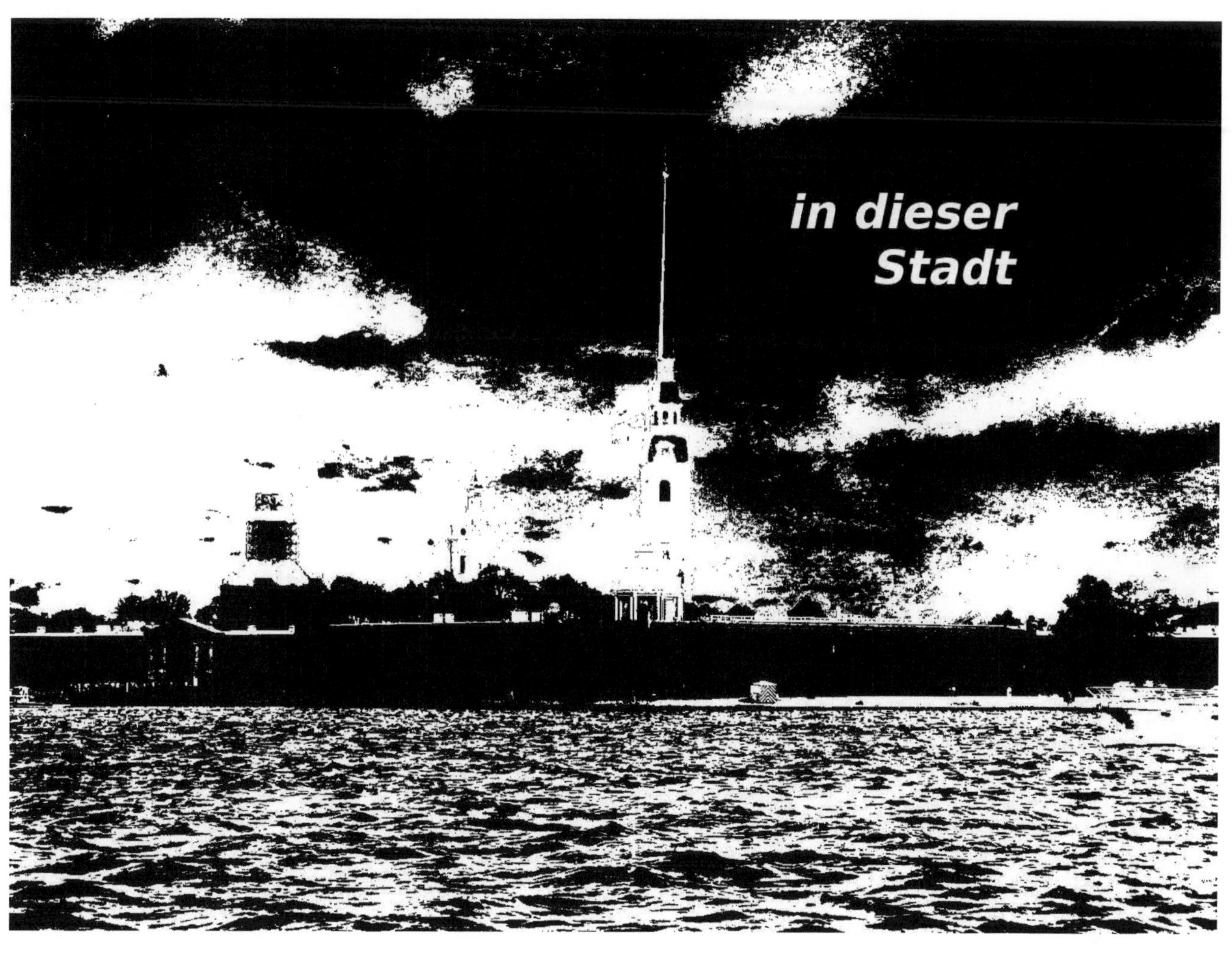

Kunstprojekt Felirina Boris"Nemtsoff
Autor: Ivan Smirnoff

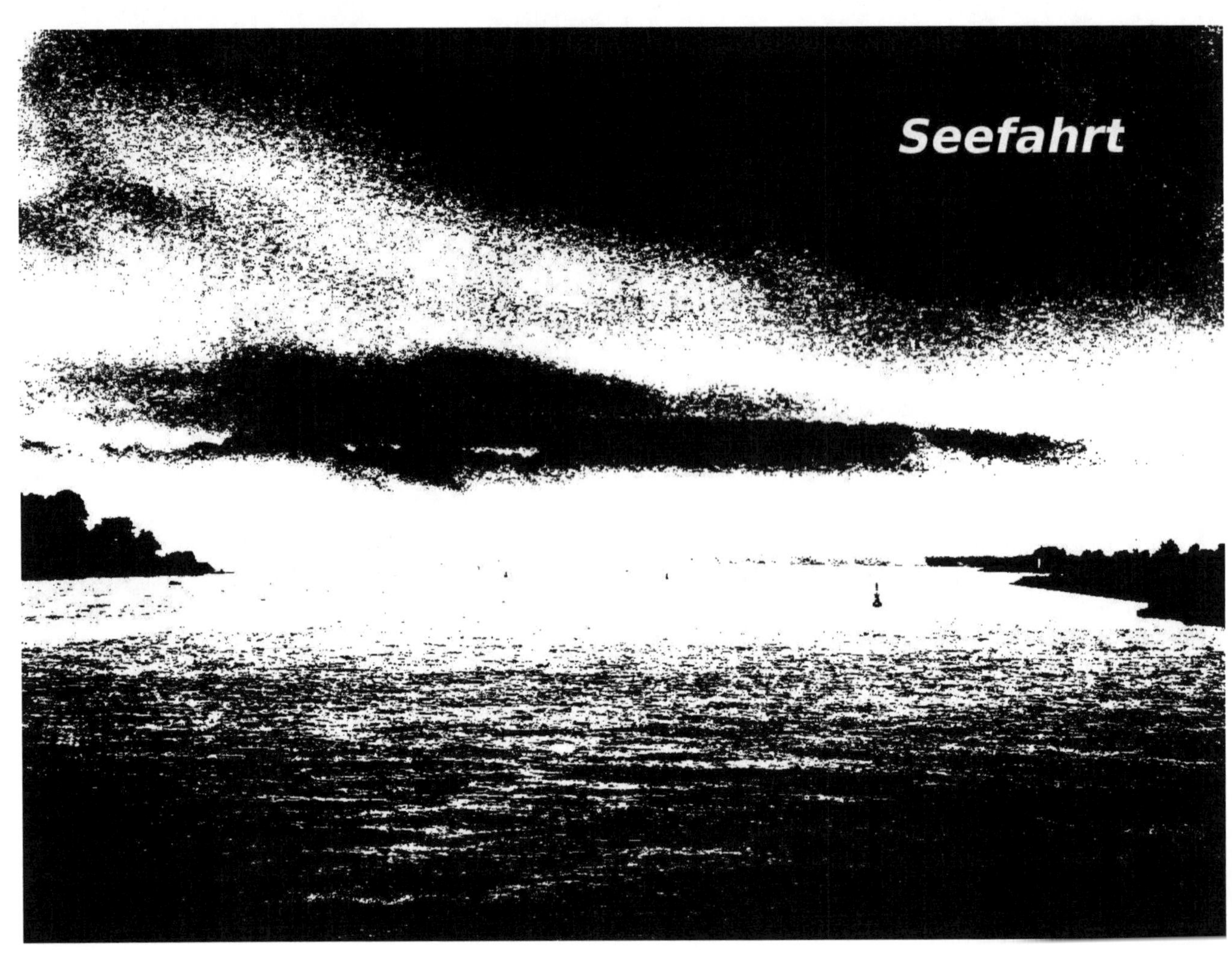

Kunstprojekt Felirina Boris"Nemtsoff
Autor: Ivan Smirnoff

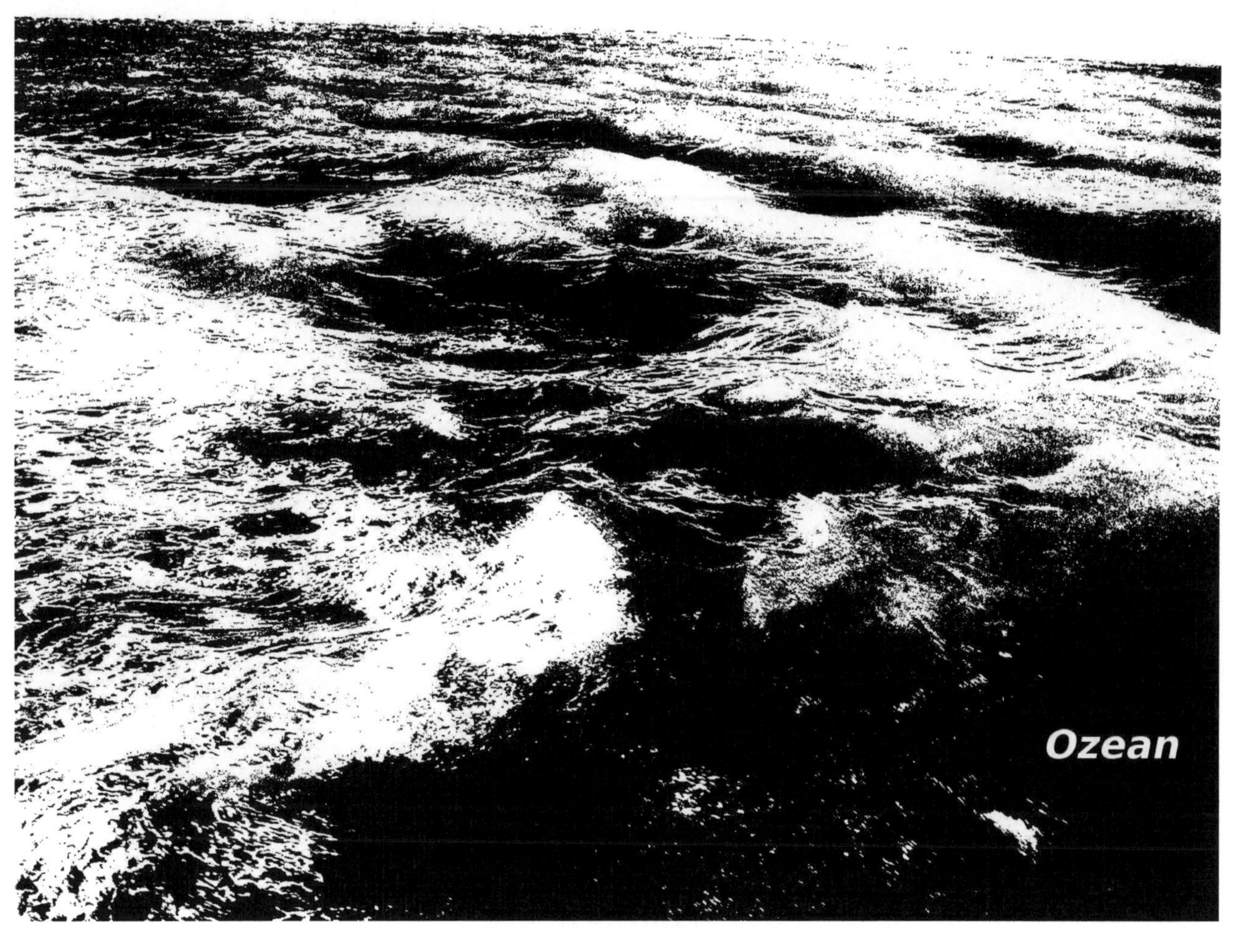

Kunstprojekt Felirina Boris"Nemtsoff
Autor: Ivan Smirnoff

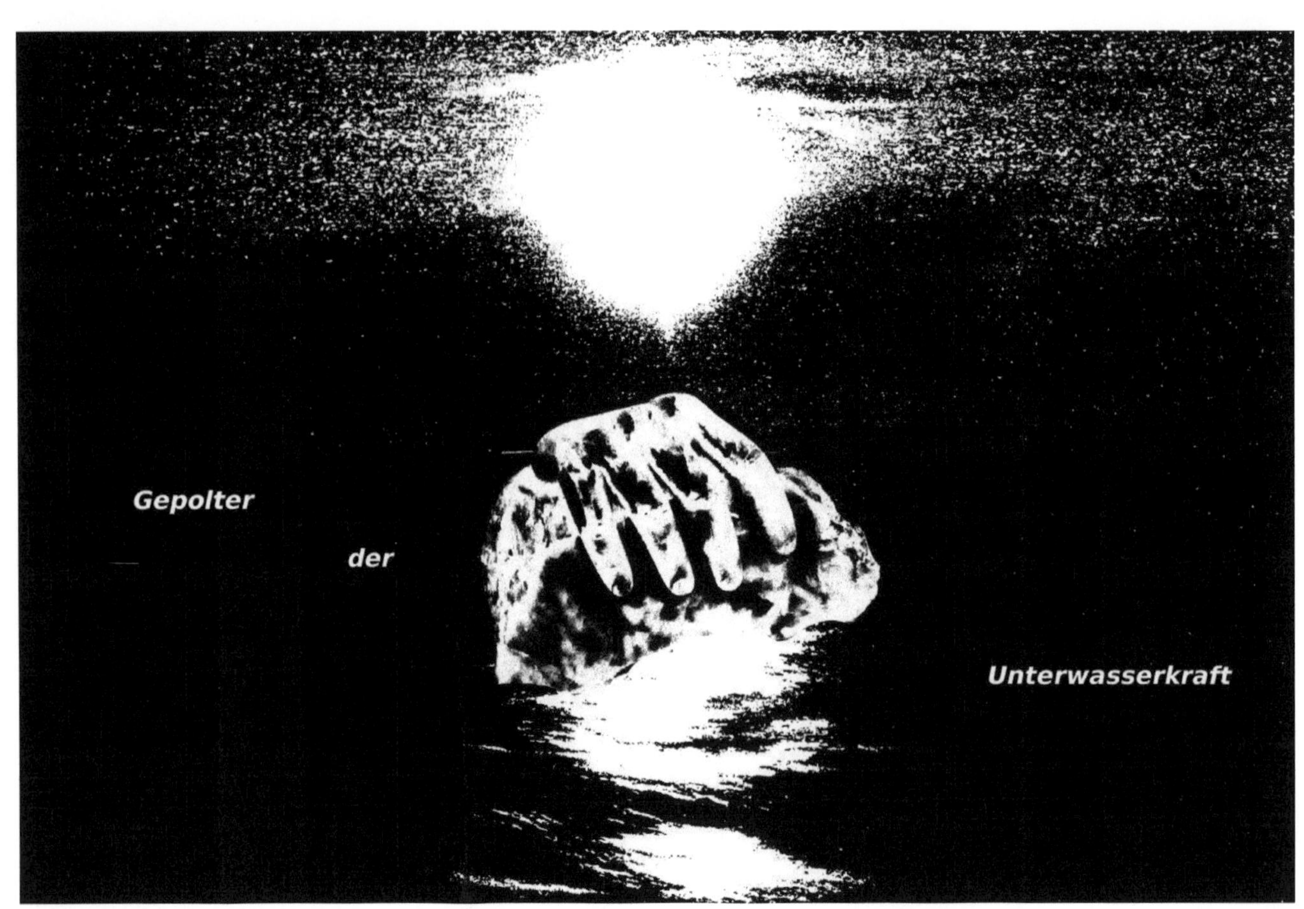

Kunstprojekt Felirina Boris"Nemtsoff
Autoren:
Skulptur Simone Elsing, Bildhauerin Berlin
Ivan Smirnoff

Liebe LeserInnen und ZuschauerInnen, das erste Album ist voll mit Fantasien und Realitäten. Falls Ihr Interesse habt, seid Ihr eingeladen, das zweite Album anzusehen. Das Buch ist leider auf Russisch und ist nicht auf Deutsch übersetzt.

...was war wird sein...